JN074989

願いが全部叶う!

寧のはじめ方

水野稚子（みずのまさこ）

みらい PUBLISHING

第三章 一人の時間をめいっぱい楽しむ

第五章
あなただけの「らしさ」を発揮
言霊（ことだま）の思想を大切にする

第七章
愛おしい毎日の過ごし方
好きが溢れる毎日にする

次々と夢が叶い、「人生思い通り」になるんだと思い知ってから、
私は

多くの方の「夢の実現」を応援したい
「なりたい私になる」お手伝いがしたい
「思考は現実化する」ことをお伝えしたい

そう強く望むようになりました。
なぜなら、
あれほど、もがき苦しんできたのに
思考を変えるだけでこころが楽になり、
すべてが好循環になると思い知ったから。

あなたは今すぐ
あなたの未来を「無条件に信頼する」
そう決めてくださいね。

あなたが思うよりずっと
あなたの可能性は果てしなく大きく
未来は希望に満ち溢れています。

はじめに

願いが叶う丁寧な生き方

素敵な人は夢を叶え、キラキラ輝いています。目に見えない「オーラ」を発し、いつも幸せそう。

多くの人を魅了し、こころを揺り動かす……、
そんな素敵な人は、雲の上の存在。

私はずっとそう信じ、自分の人生を諦めてきました。

もし、あなたもそう思っているのなら、それは違います。

どうぞご安心くださいね！


私はごく平凡に、何不自由なく、それなりに幸せに過ごしてきたと思います。結婚するまでは……。

結婚後、生活が一変し、奈落の底に突き落とされたような地獄を味わいました。毎日、なぜこんなにも満たされず、焦燥感でいっぱいになるのかもわからず、ただ路頭に迷う日々でした。未熟さゆえの悪循環が加速するばかり。自分を「世界一不幸」だと信じ切っていました。今思うと、自分で自分を苦しめ、解決策を見出せず、ただ、もがいていたような記憶しかありません。

ただ一つ言えるのは、「なんとしても幸せになりたい」という気持ちは、どんな状況下においても一ミリも変わらなかったということです。その想いが原動力となり、幸せになるため、徹底的に「**思考**」を変えたのです。

無味乾燥な日々を過ごし、何とか幸せを掴みたくて手にした本は数え切れず……。気づいたことは、**幸せは掴み取るものではなく、**「**感じるもの**」であるということでした。

そこから私の人生は大きく変わりました。何を見て、何を聞き、どう感じ、どう味わっているのか、自分自身の感情に向き合い、大切に育てていくことで、生き辛さを感じることなく、ただただ幸せを噛みしめられるようになりました。そこからはまるで自動ドアが開くように、次々と夢が叶い、目に映る景色が変わり、「**人生は思い通り**」ということが確信に変わり始めました。

それは、決して私が特別なんかじゃなくて、叶う未来を信じ、自分の感情に丁寧に向き合い、行動してきたからです。まずは**感情に丁寧に向き合う**。この、「**丁寧**」ということがなかなかできずにいる人も多いのですが、それは、人は知らず知らずのうちに自分に制限をかけてしまうからなのです。

叶えたい夢があっても、一瞬にして「無理」だと諦め、感情を押し殺し、「人生はこんなもの」だと割り切ってしまいます。なぜなら、「夢は見るもの」だと刷り込まれてきたからです。

一部の特殊な人しか夢を叶えられない。

この本を手に取ってくださったあなたもそう思っているのなら、ぜひ今日から「**思い通**

りの人生を生きる」と決めてくださいね。ポイントは感情に「**丁寧**」に向き合うことです。

常に人の目が気になり、他人軸で生きてきた私は、長年、自分の気持ちがわからずにいました。

毎日、自分の感情と丁寧に向き合うことで、どうなりたいかが明確になり始めたとき、運命の扉が開き始めたのです。

円満離婚をし、**4000万円のマンション**を手に入れ、スワロフスキーデコレーション講師になりました。フランチャイズ開校数**業界ナンバーワン**の地位も確立し、**経済的自立**を果たしました。

感情に丁寧に向き合うことで、思い描いた夢はすべて「叶う」ことを思い知ったのです。

「世界一不幸」だった私は「世界一幸せ」になりました。世界一というのは、たった一人ではなく、世界中のみんながそれぞれに「一番幸せ」になればいいなという想いも込められています。

あなたの夢は何ですか？

それが叶う日はいつですか？

ただ「**感情に丁寧に向き合う**」ことですべてが叶うのです。

ぜひ、実践なさってみてくださいね。

あらゆる成功哲学を学び、自己啓発本を読み漁り、ひたすら実践し続けてきた私が、誰にでもできる夢の叶え方をたっぷりお伝えしています。一ミリも妥協せず、わがままなほど素直に望み、思い描いた夢をすべて叶えましょう！

人はいつからでも変われます。

どんなあなたでも大丈夫！

感情に「丁寧」に向き合うということは、あなた自身を愛し、あなただけの極上の人生を創り上げていくことです。

あなたは、どんなあなたも受け入れ、大切に扱い、これまでも、そしてこれからも理想の人生を思い描き、叶えていくでしょう。

たった一度きりの人生、妥協することなく思い通りに生きたいですよね。

大変なことはなかなか続きません。三日坊主の私でも続けられたのは、変化を楽しめたから。変化（進化）をするとき、人は恐れから思わずブレーキをかけてしまいます。しかし、「変わりたい！」その気持ちが膨らんでいる今が変わりどきです。

この本を読み終えたとき、あなたの希望が胸いっぱいに溢れていることでしょう。

さあ、ご一緒に、あなたの大切な感情と向き合い、夢の自動ドアを開いていきましょう！

「変わる」と決めた瞬間、あなたの未来が動き始めます。

第一章

本当にこころから望む未来の見つけ方

大切なあなたの感情を確かめてみる

等身大で思いのままに生きて大丈夫！

思いのままに生きている人は一体どのくらいいるのでしょう？

私は思考を整えるマインドセット塾を主宰しているのですが、**感情の質が人生の質を上げる**と思っているので、おこころの在り方一つで日常が、それぞれ思い思いの色で彩られていくのだと思っています。

その感情を素直に行動に移している、つまり思いのままに生きている人があまりに少ないことに気づいたのです。

マインドセット塾の生徒Kさんと、ウエディングドレスを着たいかそうでないか、お話が盛り上がっていたとき、Kさんは、「着たくない」とおっしゃったのです。私は個人的に「かわいいKさんの素敵なウエディングドレス姿を見てみたい」と思ってしまったわけなのですが、Kさんにウエディングドレスを着たくない理由をお聞きしてみたら、なんと「お金がかかるから」という理由でした。

お金がかかるから？

じゃあ、もし彼が出してくれたら？

もちろん答えは、「着たい！」です。


おわかりですか？　Kさんは、ウエディングドレスを着たくないわけではないのです。むしろ、着たいのです。矛盾していますよね。

お金がかかるから着たくない。ウエディングドレスはお金のかかるもの。そしてお金は使えばなくなってしまう。この勝手な思い込み（先入観）から、ウエディングドレスを「着たい」気持ちが、「着たくない」気持ちに変換されているのです。

私と話すまでKさんは本当の自分の気持ちに気づかなかった、もしくは自分の気持ちに蓋をしてしまっていたのです。言い換えると、**叶えたい未来を見て見ぬふりしていた**のです。

自分の本当に気持ちに気づいた瞬間、更に未来が明るくなると思いませんか？「叶えたいことがある！」というだけで、希望に満ち溢れる、そんな人生になっていくのです。

自分の本当の気持ちに気づかないというケースは少なくありません。

Yさんは、彼と別れたいのですが、関係がズルズルと続き、なんだかすっきりしない日々を過ごしていました。そんなときにお逢いすると、本当に「お顔の表情が暗い！」。お逢いした瞬間、波動が下がっているのがよくわかります。

なぜ、ズルズルしてしまうのか？　その前に、ズルズルとは？

Yさんとお話しし、二人で笑ってしまったのは……。

すっきりしない日々を過ごしていたのではなく、実は「**思い通りになっていた**」という事実です。

まず、ズルズルとは？

別れたいのに別れられない。そしてなぜ、別れられないのか？

もう異性として見られないけれど、「人としては好き」「グルメで、おいしいお食事に連れて行ってくれるから楽しい」

これは、ズルズルと関係を続けてしまい、すっきりしない日々ではないですよね！　もう彼（特別な人）ではないけれど、仲の良い異性としてお食事に行ける良好な関係です。そして、実はこれはYさんが望んでいたことなのです。

もう異性として好きではないけれど、別れて二度と逢えなくなるのではなく、友人として「たまにはお食事に出かけられる関係になりたい」と。

結果、思い通りなのです。なのに、自分で、「なかなか別れられない」→「ズルズルする」→「ダメな私」と、思い込み、ただ一緒にお食事しているだけなのに、罪悪感でいっぱいになってしまって、思い通りになっていることに気づいていないのです。

意外と勘違いしているあなたの本心は、他にもたくさんあるかもしれません。

どんなことを望み、どんなときに違和感を覚えてしまうのか、立ち止まり、その感情をしっかりと見つめ、「**等身大で思いのまま生きる**」と決めましょう！

等身大とは、決して背伸びせず、誰とも比較しないこと。

思いのままとは、本当に望む未来を認識すること。

その感情の一つひとつを「丁寧」に確かめ、しっかりとあなたの望む未来を叶えていきましょう！

あなたのどんな言葉も人生を彩るブラシ

日本人は特に、「謙遜」という思想を重んじる傾向にありますが、時にそれは自己肯定感を下げるものになっていたりします。

私なんて……という言葉を「謙遜」ではなく、「卑下（ひげ）」する言葉として捉えてしまった瞬間、それは行動にも影響します。相手を想う控えめで謙虚な姿勢は美しく、心奪われますが、勘違いの「謙遜」は、際限ない可能性を秘めているはずの唯一無二の自分を、真っ向から否定していることになりかねません。

「夢は見るもの、叶うはずがない」

そう信じている人は、もちろん叶いません。叶えるための行動をしていないし、そもそも叶えたい夢を一瞬でかき消してしまうのですから。

私は常々、生徒に、「**思い描いた夢はすべて叶う！**」そうお話ししています。これまで実際に叶えてきたから。でもこれは、私が特別恵まれていたわけでも、ひときわ能力が高かったわけでも、人一倍努力し続けてきたわけでもありません。ほんの少し意識を変えただけです。更に言うとすれば、意識を変え、発する言葉を変えたから。

「**思考は現実化する**」

「**言葉が人生を創る**」

誰もが知る二つの有名な言葉がありますが、私はどちらも同じ、つまり、思考（意識）と言葉、そして行動はセットだと思っています。

マザー・テレサはこうおっしゃいました。

思考に気をつけなさい
それはいつか言葉になるから
言葉に気をつけなさい
それはいつか行動になるから
行動に気をつけなさい
それはいつか習慣になるから
習慣に気をつけなさい
それはいつか性格になるから
性格に気をつけなさい
それはいつか運命になるから

すべて**思考から始まり、それが言葉になり、行動となり、運命をも変えてしまう**のだと理解したとき、こころのモヤが晴れたような爽快感を味わったことを思い出します。

それからは、「どんな自分でいることが最も心地良いのか?」そして「本当に望むことは何か？」じっくりと内観する時間を大切にするようになりました。そうすると、想いを言葉に乗せて発することで、その想いが更に明確になり、「叶えたい未来」が、「必ず叶う未来」へと確信できるようになりました。

そして、「**発する言葉を意識するようになってわかったこと**」は、これまで両親や家族、友人、関わる人から受けてきた言葉のエネルギーが多大に影響しているということでした。

あなたはお姉ちゃんだから。

こんな何気ない一言も、その言葉を受けた本人は、責任感が強い私、弱音を吐かない私、失敗しない私、面倒見の良い私、そんな私を演じてしまうわけです（ちなみに私は三女です、笑）。

つまり、「私は長女です」と言ったときに、「責任感が強い私」というイメージを含ませなくてもよいのです。不思議なもので、お母さんに、（あなたは責任感が強いという意味を持つ）「長女です」と言われたら、あなたはそのエネルギーを受け、責任感の強い自分を演じてしまうわけなのですが、「そう在りたいのか」「否か」。ただ最初に生まれた女の子だから「長女です」なのか。そこに込められる意味合いもエネルギーも違ってきますし、何より、自分をごまかさなくても、**演じなくてもよい**のです。

逆もしかり。あなたがもし、お母さんだとしたら、普段、お子さんにどんな言葉をかけていますか？　そして、そこにはどんなエネルギーが込められていますか？

うちの子はすぐ発熱するから……。

かわいいお嬢様のことを、いつもそんなふうに気にかけているTさん。きっと、そばで聞いていているお嬢様は「すぐに発熱しちゃう私」と、先入観でいっぱいになっているはずなのです。

大切なお嬢様のことを心配するあまり、「明日は遠足なのに、発熱してしまうかも」、「テストなのに、発熱したらどうしよう」ついそんな思いがよぎってしまいますが、心配するその思いは、時に相手を不安にさせてしまいます。こんな時は、心配な思いを、おまじないに変えて発します。

「明日は遠足だけど、発熱することなく元気に出席！」

私も息子が車の免許を取り立ての頃は、とても心配で生きた心地がしませんでした。「大丈夫なの？」、「絶対にスピード出さないで！」、「車間距離は十分空けるんだよ！」言いたいことは山のようにありましたが、ぐっとこらえ、「気をつけてね！」と一言、「大丈夫！」というエネルギーを込めて送り出しました。

「絶対にスピード出さないで！」と、「スピードの出しすぎに気をつけて！」

この二つの言葉でも、前者は釘を刺す（心配）、後者は見守る（エール）、というように、発する言葉、そしてそこに込めるエネルギーで全く別物になり、自分自身の心理状態も、相手に与えるイメージも変わるのです。

日頃、あなたはどんな言葉を使い、どんなエネルギーを込めていますか？

遠慮なく、高望みを叶えよう

夢や願望を口に出しても、人はわずか0・2秒で諦めてしまうそうです。夢だと認識する前に、しかもすべて言い切る前に諦めてしまうなんて、それは、夢を「叶えたい」ではなく、「見るもの」だと捉えているからかもしれません。

特に人前だと、「こんなことを言ったら笑われてしまうかな？」とか、「叶わなかったらどうしよう」とか、ついマイナスな気持ちが膨らんでしまいます。けれども、本当に叶えたいことであれば、誰にどう思われようが気にしないこと！　他人軸で生きず、**自分の本能に従うこと**です。

こんなこと「叶うはずがない」そんなふうに思ってしまっても、「本当に叶えたい夢なのか？」「叶わなくてもいい夢なのか？」ぜひ、あなたのこころと向き合ってじっくり考えてみてくださいね。

「叶うはずがない」そう思ってしまうのは、自分を卑下してしまう場合と、叶ってしまったら怖いという、変化をためらう場合があります。

卑下してしまう場合

例えば、「理想の男性と結婚したい！」という夢があったとします。私はいつも生徒に、「思いつくだけ理想を書き出してください」とお伝えします。ペンが止まらない方、なかなか進まない方、もちろんその内容もそれぞれですが、素敵な人と結婚したいのに、理想像が浮かばないのは、そもそも書き出した理想像に「当てはまる人なんていない」と決めつけているからか、もしくは、そんな人と私が「結婚できるはずがない」と、自分を卑下して諦めてしまっている場合があります。理想、願望は思いつくだけ遠慮せず書き出しましょう！

そして、なぜ卑下してしまうのでしょうか？

そもそも高望みだからです。分不相応な望み。だから「叶わない、叶うはずがない！」と諦めがちになりますが、重要なのは、今この時点で、たとえ高望みであったとしても、「明日はもっと成長した私でいる！」と行動を起こすことなのです。その夢が叶ったとき、理想の男性と出逢ったとき、その方にふさわしい私でいられるよう、自分自身も高みを目指すという意識を持つことです。

高望みを叶えるため、高みを目指すのです。

変化をためらう場合

人は変化を嫌う生き物。現状維持することに安心感を覚えます。ですから、「こうなりたい」という理想がありながらも、つい言い訳や、やらずに済む理由を並べて、変わらずにいることを好みます。そして、大きく変わろうとするとき、面白いことに必ず、少なからず弊害が起きるようになっているのです。

私もステージが変わるたび、様々な変化がありました。それは人間関係、つまり関わる人が激変したということ。大きなエネルギーをかけ、変化しようとするとき、自分のエネルギーとの違いを察知し、あなたの行動を阻止しようとする人が出てきます。こういうケースはよくあるので、新たな道に進むとき、相談する人を吟味することも重要です。

「今の会社を辞めて、起業しようと思うの」そんな気持ちでいるとき、誰に相談しますか？それがよほどの思いつきや、無謀、浅はかな考えでなければ、相談相手の方は、「頑張れ！」って、喜んで応援してくれるでしょう。逆に、「やめたほうがいいよ」と訳もなく一方的に否定する人は、「そんなのうまくいくわけない」、「無理だよ、叶うはずがない」と助言するでしょう。しかし、その助言は、その方の個人的な意見、つまり経験や先入観にすぎません。うまくいったことも、叶えてきたこともないから、あなたの大切な夢までも「叶うはずない」と思い込み、阻止する、もしくは、あなたが別のステージに行ってしまうことに寂しさを覚えるからでしょう。

本気で「変わりたい！」何かに「チャレンジしたい！」そう思ったとき、あなたが相談すべき人は、夢は叶うものだと信じて疑わない人、そして「夢を叶え続けている人」でなければなりません。

相談相手を間違え、「やめたほうがいい」と言われたとき、「そうだよね」って諦めてしまうくらいの夢ならば、誰に相談しても叶いません。

諦める前に叶えたいことのすべてをチェックし、どうしても叶えたいことなのか、そして叶ったとき、どんな自分でいるのか、そこまで丁寧にイメージしてみると、また新たな発見があったり、こだわりや、譲れない部分が出てきたりします。決して、**高望みだと諦めないことです。**

できない理由と言い訳はもう封印

「こうなりたい」という夢や願望はあるのに、わざわざ自ら行動をストップさせてしまう人がいます。私も以前はそうでした。行動を起こすことが怖いというより、現実化するイメージがいまいちピンとこなかったり、そこまでの道筋が明確でなかったりで、立ち止まっていることへの焦燥感さえ湧いてこないのです。

そもそも人は環境が変わろうとするとき、もともと備わっている「防御本能」が働くのです。これは命を守るために人間に備わった機能なのですが、現状を保とうとするその動作は、日々無意識に行われています。

例えば、運動をして体温が上昇すれば、汗が出て体温をコントロールしたり、睡眠不足時にはあくびが出たり、集中力が切れたり、睡眠欲がより高まるよう気づきを与えてくれます。

このように、私たちの身体は、生命を維持するために「防御システム」が働き、無意識のうちに現状維持することに安心感を覚えるように守られているのです。

でも、この「防御システム」は、成長したい、変化したい、高みを目指したい……そんな時にもストップをかけてしまうのです。「変わりたい」そうこころの底から願っているのに、「変わらない」ように働く本能なのです。しかも、無意識のうちに……。

「無意識」とは潜在意識、人の意識のうち90%はこの潜在意識に支配されています。つまり、変わりたくても90%の潜在意識があなたの変化を阻止するのです。現状維持しようとする「防御システム」は、メンタルブロックとも言われていますが、それが邪魔をするのです。

したがって、あなたも本当に「変わりたい」気持ちがあるのなら、10％の顕在意識を活用し、強い意志、情熱を持つことが必要となります。


例えば「高額のセミナーを受講したい」しかも、遠方の開催だったとしましょう。

「受講料が高い」

「これだけ投資して得るものがあるのか？」

「遠方なので交通費がかかる」

「会社を休まないといけない」

お子さんがいる方は、

「子どもを預けなくてはならない」

「○ヶ月も通えるかな」

まずたくさんの、できそうもない理由を掲げ、悩むでしょう。

そして、受講を諦めた瞬間、ホッとするでしょう。

「〇十万円も使わなくてよかった」

「変われなかったら、損をするところだった」

「新幹線の予約も大変だし、交通費という出費もかからずにすんだ」

「会社を休んで同僚に迷惑をかけるところだった」

「留守中、子どもに寂しい想いをさせなくてすむ」

こんなふうに……。


私もずっとそうでした。何かを始めるとき、やらずにすむ理由を並べ立て、諦めた瞬間ホッとしていました。しかも、諦めたとは微塵（みじん）も感じていなくて、「正しい判断だった」と無理やり肯定してきました。本当にやりたいことだったし、変われるチャンスだったはずなのに……。

きっと90％の潜在意識を抑えきれるほどの情熱を持てたとき、大きな成長が待っているはずです。

何が何でも「やりたい！」そう強く思え、行動できるようになったのは、離婚をしてからなのですが、働くことが最高に楽しく、また、関わってくださる方が本当に素晴らしく、自分も更に成長したいという想いが溢れたからです。

「やりたい！」そんなチャレンジを繰り返していくと、あれほど怖かった変化も楽しめるようになってきたのです。最初は無理せず自分のペースで少しずつ。まずは楽しむことが大切です。変化を繰り返していくうちに大きな変化のとき、「ビッグチャンス」がやってきます！

それはもう、予期なく！　ある日突然に!!

そんな時は深呼吸して、受け止めましょう。それまで以上にドキドキしますし、「防御システム」も最大限に活動し始めます。でも、落ち着いて「変化する！」、「成長する！」と再び情熱の炎を燃やすことです。

変化を恐れず、勇気を出して一歩前進することは、なかなか「簡単ではない」と感じてしまうかもしれませんが、潜在意識も顕在意識もあなた自身、うまくお付き合いしていくことをお勧めします。そして、迷いながらも、不安になりながらも、勇気を出して決断したときには、思い切り自分を褒めることをお忘れなく。

特に移動距離が長ければ長いほど、環境の変化を大きく感じ、成長効果を得られるそうです。旅行も、国内に行くのと海外に行くのとでは、移動距離もそうですが、旅費、家族や同僚にかける負担、様々が大きく動きます。

移動距離＝金銭面、仕事面、家庭面……と、日常に大きなリスクが伴うわけです。ですから長期の旅行となると、かなりの勇気が必要となります。多くを乗り越え決断したのなら、その思いの強さが、新たな情報やチャンス、出逢い、転機などのギフトを運んでくれます。

「変わりたい！」この瞬間の気持ちを大切に、そして丁寧に育てていきましょう。

日常のいちいちの幸せを噛みしめてみる

「お金がない」、「時間がない」よくお聞きする言葉です。

本当にお金も時間もないのでしょうか？

かく言う私も、よくつぶやいていました。節約とか、貯金とか率先してするタイプではないので、欲しいものを買い、「もっとお金があったらな〜」と思うことも多く、時間に関しても、スケジュールをぎゅうぎゅうに詰め込んで、頭の中は常に余裕がなくて、「時間がもっと欲しい」と事あるごとにつぶやいていました。

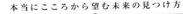

自分はそんなふうに感じていたのに、お友達の、「時間が足りない」その一言に違和感を覚えたのです。彼女は、どれほど時間があっても、そう、一日36時間あったとしてもきっと「時間が足りない！」って言うんだろうな〜と。そして、自分と置き換えてみたとき、時間

は、みんな平等に「24時間ちゃんとある！」ということに気づいたのです。

時間だけでなく、お金もそう。使ってしまって、少なくなったとしても、まだお金はある！　いろんなことに追われてバタバタしていても、また明日も時間があり、これまでも、ちゃんと「あった」はずなのです。


「ない」ではなく、「ある」にフォーカスすると、想像以上に人生が豊かになり始めます。

「ない」、「足りない」が口癖の人は、更に「ない」を引き寄せてしまいます。実際は「ある」のに、「ない」と捉えているので「ない」世界を創り上げてしまうのです。これも、「思考が現実化する」その一つです。


「足りない」、「満足できない」のに、どうすれば「ある」を確信できますか？

そんなご質問も多くいただきますが、まずは、「ある」の一つひとつを感じることです。
・今日という日がある。

・欲しいものに囲まれている。
・お仕事がある。
・住む家がある。
・お金も時間もある。
・自由に動く身体がある。
・車がある。

あなたも、もう数えきれないほどの「ある」に囲まれていることにお気づきですよね！

もし、それでも、「満足していない」、「欲しいものに囲まれているわけではない」と感じ、妥協しているのだとしたら……。

少し難しいかもしれませんが、あなたを包む宇宙を感じてみてください。

物には使いみちがあります。はさみは切るためのもの、ペンは書くもの、かばんは物を入れるもの。しかし、太陽は一日も休むことなく私たちを照らし、月は満ち欠けを繰り返しながら暦を伝え、また強大なパワーを注いでくれます。山々は四季を彩り、空や雲や風、雨からも多くの恵みをいただいています。そう、日々、いただいているのです。

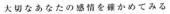

このように、物とは違い、使いみちのない大自然からは、絶えることなくエネルギーを与えられているのです。

「ない」ではなく「ある」、しかも、「際限なくある！」のです。存分に与えられていること、**「満ち足りた愛に降参」**し、感謝しましょう。


時間、お金、物以外に、「なりたいものがない」というご相談も多くいただきます。

あなたは今、なりたい自分、夢や目標がありますか？

私は長い間、夢も目標も、ちなみに希望もありませんでした。

「なりたい自分」がなくてもいいと思うのです。たとえ夢や目標がなくても、要は、**今この瞬間を楽しめているかどうか。**そして、満たされているか。ここでも同じく「満たされている」は「ある」という感覚です。この感覚を養うと、どんどん自分の気持ちが満たされ、幸福度が上がります。なぜなら、「ある」感度が上がれば、満たされ、こころに余裕ができ、自然と笑顔になり、波動が上がる、それがどういうことなのかというと、その高い波動に合った、素敵な情報や出逢い、チャンスが巡ってくるからです。いわゆる「引き寄せ」です。

引き寄せ力のある人は、いつも笑顔で、満たされ、幸せそうにキラキラ輝いています。あなたの周りにもきっといるはず。

あなたも「ない」ではなく、「ある」にフォーカスし、今日から、キラキラの波動を振りまいてみましょう。

温(ぬく)もりを感じて生きる

私は真夏でも、できるだけ温かい飲み物をいただきます。身体を冷やさないように心がけているからなのですが、この「冷やさない」について、こんなことを知ったからです。

冷えたかじかんだ手は、「痛い」や「熱い」、「冷たい」を感じなくなる。

確かに、真冬にかじかんだ手は感覚がなくなり、はぁ〜っと息を吹きかけ温めたこと、あなたもきっとあるはずです。かじかんで痛みを感じないその手は、「嬉しい」や「楽しい」、様々な感度が鈍ったこころと同じなのです。

温かな眼差し、温かなお気持ち、温もりが伝わるお手紙
冷えた関係、冷たい視線、冷戦状態、冷ややかな態度

どちらもそこに温度はありません。しかし、温と冷、この相反する二つの言葉から受けるイメージの差は歴然で、**心理状態が全くもって異なります。**

「クールな人」というと、かっこいいイメージですが、「冷めた人」「冷たい人」は、幸せの感度が低いような気がします。逆に、「温かな人」は感度が高いので、関わる人や、物、環境からも喜びを見出せる人なのです。**どんな小さなことにも感動や喜びを感じる**ことができたのなら、最高に幸せですよね。

私は遠い昔、「冷めた人」だったので、かなり感度が低かったのです。喜びも感じない、感動すらしない、こころが動くこともなければ、心底楽しいと思えることがなかったのです。

そんな私にも、こころを寄せてくださる方がいて、その温もりに触れたとき、涙がとめどなく溢れ出たこと、今でも忘れません。

「明日も素敵な一日になりますように」その方のメールの最後の一文でした。

「明日も」というその表現に、まず驚いてしまったのです。当時の私は、今日も明日も明後日も、素敵な一日になんてなりえないと確信していたからです。なのに、「明日も」と、当たり前に言われてしまったのです。そして、「素敵な一日になりますように」と願うお気持ち。なんて素敵な方なのだろうと、実際にお逢いしてそのおこころの美しさは十分に知っていたので、なおさら彼女に惹(ひ)かれる思いは募りました。

「私もこんなふうに素敵な毎日を積み重ね、どなたかのお幸せを願える人になりたい！」

そう思った瞬間から、徐々に「冷めた人」だった私は、温もりを感じて生きる私に変化していきました。彼女から温もりをいただいたからです。

大切なこころと身体を冷やさないケアをすることで、美しいものを「美しい」と言えるようになり、嬉しいことをただ「嬉しい」と表現できるようになり、そして、誰かの幸せを自

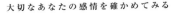

分のことのように「幸せ！」と喜べるようになるのだと思い知りました。

温もりを感じて生きるということは、自分だけでなく、周りの方々とも切なさや喜びを分かち合い、また、あなたの大切な想い（夢や目標）を温めることへも繋がっていきます。

あなたが本当に望む未来を大切に温め、丁寧に育てていきましょう。

第二章

意識をコントロールし、夢を叶える方法

有意識で行動してみよう

神様にお任せ！　実現可能かは考えない

何かにチャレンジするときや、大きな願いをかけるとき、たいていの人は「できるかな？」、「大丈夫かな？」と不安になります。本当にやりたいことなのに、叶えたいことなのに、不安が押し寄せ、逃げ出したくなることもあります。第一章でもお話しした通り、脳の「防御システム」が働くので仕方ありませんが、逃げ出した後に、「タイミングじゃなかった」と言い訳する人がいます。すべてのことに意味があると捉えがちですし、もちろんそうとも言えますが、肝心なのはやはり自分の気持ちに素直に行動するということ。つまり、意味付けするのはあなた、責任転嫁するのもあなたです。

「タイミングじゃなかった」

じゃあ、いつなのか？

他人軸で生きていると、事あるごとに他人のせいにし、自分の人生なのに、決断できないことが増えていきます。

「自分の人生なのに！」です。

実現可能か考える前に、「本当に叶えたいことなのか？」あなたのこころに素直に従ってみてくださいね。

例えば、「家を建てたい」そう思った瞬間、無理だと思ってしまっては、夢が夢ではなくなります。

「どんな家がいいのか？」、「間取りは？」、「場所や内装は？」ワクワクしながら思い描いてみます。

予算を割り出し、毎月いくら貯金すればよいのか具体案を考えてみるのも楽しいですし、ハウジングセンターに出かけてみたり、注文住宅の本などを読むのもお勧めです。

要は行動を起こす、情報を掴みにいくことが重要なのです。

「家を建てたい」

新月の日にそんな願いを書いても、一切の行動なくしてはなかなか叶いません。宇宙は流れているもの（流れに乗っている人）を好みます。水も流れていないと濁（にご）ります。人も動いていないと気が澱（よど）みます。動いている（行動している）からこそ、アンテナを張ることができ、そのアンテナに望んだ情報が引っかかるようになるのです。

マインドセット塾生徒Nさんのお話です。

「家族でハワイに旅行に行きたい」

いつか、いつかと漠然と夢見ていたのです。いつか……と思うのではなく、「いつ行くのか？」、「いつなら行けるのか？」そして、ハワイが無理なら、「どこなら行けるか？」少しハードルを下げて計画してみます。

まずは「家族で一年後に旅行に行く！」

そう決めた日に、お母様から「マイルが貯まっているから夫婦で旅行に行ってきたら？」

とプレゼントされたそうです。

「旅行に行きたい」

お母様に話さなければ、マイルをプレゼントされることもなかったでしょう。これも一つの行動です。


実現可能か考えず、そして、あれこれ**悩む前に「即行動」を習慣化**しましょう。

あなたの毎日はミラクルの連続になります！

失敗を恐れずチャレンジしてみる

よく、「失敗したらどうしますか？」とご質問をいただきます。

まず、私には「失敗」という概念がないのです。だから「どうしよう」と不安になることもないのです。もちろん、昔からそんな性格ではなかったし、チャレンジすることもなく、変わらない毎日に悶々としながら過ごしていた日々は長くありました。少しずつチャレンジすることを覚え、物事がスムーズに運ぶようになり、必ず努力が結実する日は来るのだと、あるときから確信したような気がします。開き直ったのかもしれません。もしくは、悩んだり、落ち込んだり、投げ出したりする余裕もなく、次に進まなければならなかったからかもしれません。

いずれにせよ、とにかく前進するしかなかったのです。

もし、あなたが「失敗したらどうしよう」と、前に進めずにいるのなら、考えてみてくださいね。

「このままでいいのかな?」、「本当はどうしたいのかな?」

いきなり大きな決断をするのは、私も怖いです。そのハードルが高ければ高いほど、時間を要することもあります。

でも、まず、「こうなりたい!」の、一歩だけ近づいてみる。それができたら、もう一歩。少しずつで大丈夫です。チャレンジせず夢を諦めながら現状維持するのか、勇気を出して一歩でも踏み出してみるのか?　一歩踏み出すと決めた瞬間から、見える景色が変わり始めます。先程もお伝えしたように、決断した時点で、もうあなたのアンテナは張り巡らされているのです。そこから行動に移せば、「夢の実現」が更に加速し始めます。

私がスワロフスキーデコレーション講師時代に、アメリカからKさんが東京まで受講にお越しくださいました。海を渡ってわざわざ日本に来てくださったことが本当に嬉しくて、思わず舞い上がってしまいました。その日から私は日本人だけでなく、海外の方にもこの繊細な技術をお伝えしたいと思うようになり、意識が海外にまで広がるようになりました。そんなとき、アメリカ在住の方からご連絡をいただき、ロサンゼルス（LA）にて授業をすることになったのです。

「外国の方に教えるだなんて、言葉が通じないし、こんな細かい作業は日本人だけのもの」そんな先入観を持っていたら、きっとLAに呼ばれることはなかったでしょう。

初めてのことはいつだってドキドキしますし、緊張感でいっぱいになることだって、たくさんあります。でも、チャレンジして失敗するより、チャレンジせず諦めてしまうことのほうが私はよっぽど恐ろしいのです。たとえ、失敗した（うまくいかなかった）としても、何度でもやり直せます。

そして**「どんな経験もすべて学びに変える」**そんなリラックスした気持ちでどんどんチャレンジしてみてくださいね。

「失敗したらどうしよう」ではなく、「ここから何が学べるかな？」そんなワクワクを楽しみながら、経験を積み重ねていけば、トライ＆エラーの醍醐味さえ嬉しく味わうことができるでしょう。そうなれたら、あなたももう「失敗」という概念はなくなるはずです。

ハイスピードで有言実行する

「チャレンジするのが不安」という方にお勧めなのが、「公言する」ということです。私はよくSNSを活用し、「今週中に○○を仕上げます」と公言していました。なぜなら、すぐに挫折したり、さぼってしまう弱い自分がいることを自覚しているからです。

「明日こそは」、そう思ってもなかなかできないことも多々ありました。お友達との約束は死守するのに、自分との約束を守れない人が多いのです。なぜなら、守れなくても誰にも叱られないし、そもそも約束していること自体、誰にも知られていないから……。

だから意志の弱い私はSNSを活用したのです。

「今週中に○○を仕上げます」

そんな公言を誰も覚えていなかったとしても、「みんなに言っちゃったからやらなくちゃ」と、自分はプレッシャーになるわけです。

それがあまりにハードルが高かった場合、やはり「できなかったらどうしよう」と不安な気持ちが大きくなってしまうので、当たり前ですがタイトなスケジュールを組まないことが重要です。

日数を要するものであれば、工程の一つひとつを分け、一部分ずつ「仕上げる」と公言するのです。急用が入っても対処できるよう、完成までの日数に余裕を持たせて計画を立てます。

公言した通り完成すると、目標達成した満足度が上がり、その成功体験をまた繰り返したくなります。こんなふうに私はＳＮＳや友人に**公言し、心地良いプレッシャーを楽しむ**ことをしてきました。

お片付けが大の苦手な友人に私がアドバイスをしたのは……。

小学二年生のお嬢さんに、「○○ちゃんが小学校に行っている間、キッチンの一番上の引き出しの中をきれいにするから、帰ってきたら見てね！」と伝えるということです。

なぜ、ご主人ではなく、小学二年生のお嬢さんなのか？

キッチンの一番上の引き出しの中の整理は、ものの10分で終わります。でも、お片付けが大の苦手な友人からしたら、その10分も苦痛なわけです。そして、「キッチンの一番上の引き出しだけ整理するくらいなら、全部したら？」という返事が返ってくると予測できる厳しいご主人には「話したくない！」。悩みを相談するときも同じですが、誰に何を話すかは、とても重要です。だから、小学二年生のお嬢さんなのです。

予想通り、小学校から帰宅したお嬢さんは、「わぁ〜、きれいになってる！」と満面の笑みを浮かべ、褒めてくれたそうです。大人だって褒められると嬉しいですし、「明日も頑張ろう」と、奮起できます。単純なことかもしれませんが、人のこころは単純というより本当に素直なのです。

ここでもう一つ、継続できるポイントがあります。

それは、「毎日頑張りすぎないこと」、「やらない日を作る」ことです。

目標設定した日は、つい張り切りすぎて頑張りすぎてしまいますが、自分自身の力量を把握していないと息切れを起こします。そして、お買い物に行ったり、銀行に行ったり、お布団を干したり、シーツを洗ったり、お料理したり、やるべきことがたくさんあった日は、お片付けができないではなく、「お休みする」というこころの余裕を持っていないと苦しくなります。しかも急用が入るということもなきにしもあらず。そのすべてを見越して計画すると頑張りすぎず楽しく継続できるのです。

公言する人を間違えない（優しく応援してくれる人がベスト）。

そして、毎日頑張りすぎない（楽しく継続できるよう余裕を持つ）。

公言したことによって感じるプレッシャーさえも、こころから楽しむことです！

いつしかあなたは必ず有言実行する人、そして夢を叶える人になっています。

成功する人はみんな甘え上手

そばに応援してくれる人がいると、心強いし更に奮起できます。夢を叶えたいのなら、そう、「応援してくれる人」をたくさん作ることです！　一人の力は小さくても、応援してくれる人がたくさんであればあるほど、夢の実現も加速します。

では、どうやって応援してくれる人を増やすのでしょうか？

生徒のAさんは、一言で「愛されキャラ」でした。パートを辞め、意を決してウェブデザイナーとして独立されたのですが、広告などを利用せず、facebookだけで集客し、独立4ヶ月目にパートの4倍の売り上げを達成されました。

彼女はとにかくチャーミングで、イベントやお食事会で、いつご一緒してもムードメーカーで底抜けに明るい女性。わいわい騒ぐのが好きというより、場の空気を読み、みんなを和ませ、かつ盛り上げることが得意な方なのです。もともとそうであったかどうかは別として、それが彼女のおこころ遣い、最大の魅力なのです。常にみんなが喜ぶこと、心地よいことを優先し、即行動している。だから応援されるのです。

ウェブデザイナーとして独立してからも、彼女のファンはたくさん溢れ、彼女がそれまでしてきたように、みんなが全力で応援してくれていました。というのも、エネルギーというものは、自分が放出したエネルギーそのものしか戻ってきません。どんなエネルギーを放出したか、それが後にギフトとなるわけです。

日頃から、周囲に気配り、目配り、心配りができる彼女は、愛される以前に、たくさんの愛が込められたエネルギーを放出してきたのです。

応援してもらうことが苦手という方もいらっしゃいますが、もし、あなたもそんなふうに感じているのだとしたら、まずは誰かをこころから応援してみましょう。すると、応援したくなる人はみんな、「本気で生きている人」だと気づくはずです。そして、自分も本気で生きたい、本気で「夢を叶えたい」と思うはずです。そんな感覚になったとき、周囲の方に、「応援してください」と胸を張って言えるでしょう。応援される人の共通点は「本気で生きている人」であり、「甘え上手な人」です。ここで言う「甘える」とは、頼ることでも、依存することでもなく、**「本気を見せる」**ということです。

もう一人の生徒Tさんは、ご自分のブランド品を「憧れのモデルさんに着てもらう」ことが夢でした。私とお会いしたときにちょうどキッズモデルを探していて、私の知り合いをご紹介したのです。その方から、そのお友達、そしてそのお知り合いへと繋がりが広がり、最後はなんと「憧れのモデルさん」にたどり着いたのです！

彼女も甘えることが得意でした。本気で生き、心底夢を叶えたいと願っているから、周囲はみんな全力で応援してくれるのです。何年かかるかわからないけれど、「憧れのモデルさんに着てもらう」という夢が、一ミリも曇る日などなかったはずです。

夢のようなお話だと思ったあなたも、**どんな夢も実現可能だと信じて行動**してみてくださいね。とにかく本気を見せることです。かくいう私も、「いつか本を出したい」その願いが叶い、こうして執筆しています。

情報収集する、人に話してみる、それだけでも、目には見えないあなたのアンテナが張り巡らされ、思ってもみないような展開が訪れることは、いとも簡単に起こりうるのです。

私はイベント等を開催する際、SNSを活用し告知をしていたのですが、より多くの方にお越しいただくために、何度も「来てね」としつこいくらいにアピールしました。ここで重要なのは、「来てね」と堂々と言えるほど、お越しいただいた方に喜んでいただける工夫がされているということです。つまり「**本気を見せる**」のです。

「お時間ありましたらお立ち寄りくださいね」、「興味があったら来てね」、「お近くの方はぜひ」こんな誘い文句では効果半減です。なぜなら先ほどお話ししたように、人は「頑張る人を応援したい生き物」だからです。応援してあげるという行為は、一見、「してあげている」ように感じますが、応援することで一生懸命なエネルギーを受け、自分もパワーアップするのです。

だから、例えばオリンピック選手の応援をし、金メダルを逃したとしても、応援し応援されるという同じエネルギーを循環させたことで、清々しい気持ちにさえなれるのですから、初戦敗退でも怒ったりする人はいません。与え、与えられているのです。

多くの人を巻き込み、応援される人になるには、本気で生きるということです。本気だから何度も伝える、本気だから「私に会いに来て」と自信を持って言えるはずなのです。

何でもない日の特別な過ごし方

予定のない日、あなたはどんな過ごし方をしていますか？

私は、スワロフスキーデコレーション講師時代、とにかくスケジュール帳を予定いっぱい、ぎっしりにすることを好んできました。予定があること、お仕事があることが自己満足だったのです。そして、スケジュール帳いっぱいに並んだ文字に優越感を味わっていたようです。

これは、お仕事の予定がめいっぱい入っていることに安心感を覚え、逆に空白の日を作ってしまうことが怖かったのだと思います。

働き方を変え、セミナー講師となった今は、セッションの日、ノープランの日とありますが、月の4分の3はノープランです。つまりほとんどがオフの日なのですが、何をしているかというと、本を読んだり、ふらっとショッピングに行ったり、カフェでお茶したり。何でもない、何もない日、そんなふうに思えるかもしれませんが、どれもが私にとって特別な日なのです。

たとえ、本を読むことが日常になってしまっても、毎日カフェでカモミールティーを飲むようになったとしても……。

何でもない「いつものこと」が、当たり前で「特別ではない」はずはないのです。好きは好き、特別は特別。何度繰り返したとしても、その感情をしっかり丁寧に味わうことが大切なのです。

「特に夢もなく、なりたいものが見つからない」そうおっしゃった生徒Uさんにお尋ねしました。

「何をしているときが一番楽しいですか？」

「休日、二匹のワンちゃんとゆっくりくつろいでいるとき」だそうです。

それって、とってもお幸せな時間なはずです。平日はお仕事がお忙しく、こころに余裕がないけれど、休日は大好きなワンちゃんたちとゆっくり過ごせる至福のとき。Uさんも、そしてワンちゃんにとっても特別な日ですよね。

「同僚は週末に近場の温泉旅行に行き、おいしいものを食べ、大型連休は海外旅行。私の楽しみは二匹のワンちゃん」

続けてそうおっしゃったのですが、「特別な日」は、他人と比較し優劣をつけるものではないし、そもそもつけられません。

楽しい感情を、「楽しい」と味わい尽くすことが私たちの喜びですし、その感情、「喜び」は他人に理解されなくても、ただ自分がどう捉え、満足しているかが重要なのです。

その後、Uさんは、休日、二匹の愛するワンちゃんとの過ごし方が、更に充実したものになったそうです。

ある日、ワンちゃんと泊まれるペンションをご主人が探してきてくださったとのこと。ワンちゃんと過ごす特別な日を味わい尽くす、その思いがご主人からの「ワンちゃんとペンションに泊まる」というギフトを運んでくれたのです。

このように、**オンとオフの切り替えを意図的に作る**ことこそが、こころを満たし、人生を彩り豊かにしてくれるような気がします。

何でもない日というのは、日常のその様々なことから解き放たれ、こころが空っぽになる特別な日です。

ぜひ、スケジュール帳を見直し、**スペースを空けるという開運法**で、何でもない日の特別な感情を丁寧に味わってみてくださいね。予定がびっしりな方は、こころに余裕がなくなり、無を感じることができなくなります。

無を感じるとは、整理をすることだったり、何かに没頭する、余白を空けるということなのですが、こころの**スペースを空けるという開運法**については、第六章で詳しくお伝えいたしますね。

制限をかけずに羽ばたく

あなたもそうかもしれません。

私はずっと「自分はこのくらい」と勝手に制限をかけていたのです。何か目標設定する際も、「叶うはずがない」とか「大きいこと言っちゃった」とか、自分の制限ない可能性を信じていなかったのです。ですが、感謝のワーク（第三章でお伝えいたしますね）や、徹底的に感情と向き合うことで「夢は叶う」と実感するようになりました。

私たちも、子どもの頃は「夢は叶うもの」だと信じてきました。

かわいい姪は「セーラームーンになりたい」ではなく、「セーラームーンになる」と宣言していましたし、私の息子たちにも、それぞれビッグ過ぎる夢がありました。それがいつしか、「夢は見るもの」に変換され、「現実は厳しい」とまで言われるようになり、思い込みとは恐ろしいもので、徐々に刷り込まれ、夢を語る人さえ少なくなったような気がします。

私が制限をかけなくなってから、その影響をダイレクトに受けたのは三男でした。

スケジュールいっぱい、オフのない私は、三年前ハワイ島に旅しました。久々に味わうオフ、無になる感覚。そのときから私はオフをわざわざ作り「特別扱い」するようになり、「海外旅行には年に二回は行く」と決めたのでした。海外に目がいくようになると、やはりその思考は息子たちにも伝染するわけで、それ以来、息子たちの「海外に対する意識」が変わり始めたのです。

中学校から帰宅した三男が、

「お友達が引っ越したら遊びに行きたい」

と言いました。反対する理由もなかったわけですが、お引越し先を聞いて少し間を空け、

「行っていいよ」

と、返事をしました。

友人のお引越し先はアメリカロサンゼルス（LA）でした。私がもしハワイ島に旅していなかったら、三男のアメリカ行きをあっさりOKしたのだろうか？　それはわかりませんが、**日本地図ではなく、地球儀をイメージして行動する**ということを伝えることができた、彼にとっても本当に素晴らしい体験だったと、今は感じています。

制限を外すと、自分だけでなく、周りもどんどん変わり始めます。もしあなたもまだ「自分はこのくらい」と思っているなら、まず、なぜ「このくらい」なのか、考えてみてくださいね。

ハンドメイド作家の生徒Oさんが「私の作品の価値はこのくらい」と制限をかけていたのですが（かなりお安い価格設定）、あるとき、お客様から「もっと高額な商品はないです

か？」と尋ねられてから、価格設定を変更されました。単に値上げしたわけではありません。価値を提供するということを見直しただけです。

価値とはエネルギーです。

「自分はこのくらい」、「高いと誰も買わない」そういった気持ちで制作するとエネルギーは下がります。「高いと誰も買わない」という気持ちが、「安くないと買わない」人を引き寄せるのです。そういうエネルギーを出しているのですから。

作品にエネルギーを込め、どんな素敵な作品を制作しているかをしっかりと意識していただきました。自分の価値を理解することで、「自分はこのくらい」から「こんなに素晴らしいものを提供できる私」になり、お客様は「高いと買わない」人から「価値を理解し高額商品を購入する」人へと変わっていったのです。

自分の価値、制限ない可能性を、ただ信じてみてくださいね。

あなたをこころから信じ、可能性を広げられるのは、あなた自身です！

第三章

一人の時間をめいっぱい楽しむ

ダイアリーを付けてみる

何が起きたのかではなく、どう感じたか？

私はもう18年程ダイアリーを付けています。一日の朝昼晩三食の献立を記録しながら、ちょっとした感情を書き綴っていた頃を含めると、実は25年になります。今はもう書かない日はないほど、このダイアリーを付ける時間を大切にしているのですが、そもそもダイアリーを付けることになったきっかけは、一冊の本でした。

「今日から人生が変わる！」と帯に書かれた、インパクトのあるフレーズに惹かれ購入したその本には、感謝をすることの重要性がしっかりと書き綴られ、何としてでも幸せになりたかった私はまず、感謝を書き出すということから始めたのでした。それが**「夢の叶え方を思い知る」**始まりでした。

とは言うものの、感謝することなどないと、落ち込むそんな日も多く、書けない日が何日も続きました。「せっかくこんなにかわいいノートを買ったのに」という思いが膨らみ、嫌なことばかりの毎日の、その「愚痴を吐き出してみる！」そう決めたのです。

初めのうちは、書いている内容（愚痴）があまりに幼稚でなんだか嫌気がさしてきましたが、同時にすっきりした自分もいて、書き終えた後、自分と向き合う時間を自然と取るようになっていきました。

ついネガティブな感情が抑えきれず、ノートに吐き出した後、そのとき、どう感じたのかを確かめてみるようになりました。自分の気持ちなのに、つい蓋をしてしまい、見なかったことにしたり、感じたままを認めず、偽りのまま過ぎ去った過去のように終わらせていることに気づいたのです。

例えば、昔の私は、「頑張れ！」といわれることが、涙が出てきてしまうほど苦痛でした。「こんなに頑張っているのに、これ以上どう頑張ればいいの？」、「頑張ったその先に何があるというの？」そんな疑問ばかりが溢れ、でも頑張らなくちゃいけなくて、だけどもう頑張りたくなくて、常に悪循環。「頑張る」ことが、苦しみや辛さ、厳しさを生み出すものだと捉えていたからなのです。しかも、辛く苦しい想いをしながら頑張っているのに、夢など叶うはずがないと決めつけているから、永遠に叶わないし、永遠に辛いわけです。

今、頑張ることが大好きで、「頑張る！」が口癖になったのは、頑張ることは、辛くも苦しくもなく、ただ楽しいってことに気づいたからなのです。もっといえば、頑張ることは、大好きなことに没頭できる時間でもあり、頑張りながら緩めることもできるようになったから。そして、もっともっといえば、頑張れば、必ず夢は叶うし、思い描いた以上のギフトが届くことを存分に味わってきたから。このように、物事の捉え方が変わるだけで、随分とこころが楽になり、人生の一ページ一ページが美しく彩られていくのです。

嫌なことがあったではなく、そのとき、何が嫌で、どう感じたのか？　想いを紙に書き出し、感情をありありと確かめる、その正しい方法を理解していないと、ずっと謎解きをしているみたいな、迷路に入り込んだみたいな、そんなグルグルを繰り返してしまうのです。

「ポジティブな感情も、ネガティブな感情も大切にする」自分の本当の気持ちが理解できたとき、未来は動き出します。

ネガティブな感情との向き合い方については第四章で詳しくお伝えいたしますね。

今すぐ幸運体質になる方法

ネガティブなことばかりを書き綴る日々が長く続いていた私でしたが、その感情と向き合うことで随分とこころが晴れやかになりました。

一方で、「自分の気持ちがわからない人」がとても多いことに気づいたのです。ほとんどの人がそうかもしれません。自分のことなのに、全く理解できていなかったり、本当の望みを、プライドや恐れ、体裁を気にしてしまうがゆえ蓋をしてしまうのです。

こうなりたい、こんなことをしてみたい、望みはあるはずなのに、なれるはずがない！ そう決めつけ、現状維持しようと、違う努力をしてしまうのです。人は変化を嫌う生き物ですから。そして、ありありと感情に向き合うことができない。悲しみや苦しみには敏感なのに、喜びに鈍感な人。

今日一日の、どれもが当たり前ではなくて、すべてが特別。それに気づくだけで幸運体質になり、あっさり夢は叶います。

以前、受講生が「受講直後から人生がバラ色に変わった！」とお話ししてくださり、私は嬉しくて胸がいっぱいになりました。日々の当たり前に感謝し、喜びと受け止め、幸せを感じるその感度が上がったからです。

「**素直さこそ最大の知性**」と言われように、素直に感じる人はこの感覚をあっという間に身に付け、素晴らしい変化をされるので、私もお逢いするたび、別人かと見間違えてしまうくらい。それ程お顔の表情も声のトーンも、それこそオーラまでもが変わり始めます。

恋をすると、女性は綺麗になるといわれていますが、まさにその通りで、ワクワクするそのときめきが、目に映るものすべてをキラキラ輝くものに変えてしまうのですね。こころの在り方は本当に大事なのです。

「変わりたい。でも、どう変わっていいかわからない」

そんなあなたは、まず感謝することから始めてくださいね。

毎日朝が来ること、元気に動く身体、おいしくお食事ができること。

当たり前のいちいちに感謝してみる。これは幸せになる一番の近道なのです。なぜなら、感謝することで、こころが満たされ、幸せの感度が上がるから。**幸せは誰かにしてもらうものではなくて、感じるもの**。今すぐ、最高に幸せだと感じる。幸せだと思い込むのではないのです。

幸せを感じること。それは、波動を上げること。

言葉一つ発していなくても、不機嫌な方からは、負のエネルギーを感じます。ですが、恋した美しい女性からはハッピーオーラが溢れています。

すべてに感謝し、幸せを感じているか、その感度でオーラ、発するエネルギーが変わります。ハッピーオーラを放っている人は、望む情報やチャンス、出逢いが次々と与えられます。それが循環です。波動が高いと、思考と行動が一致しており、自分が望んでいること以外は引き寄せないし、素直に思った通りに行動ができるのは、自然な流れに沿っているということでもあるのです。だから奇跡の連続になるのです。

まずは感謝のワークを始めてみることです。詳しくお伝えいたしますね。

これはその名の通り、たくさんの奇跡に感謝するというワークです。ここで重要なのは、奇跡は特別なもの、高尚なものではなく、日常に溢れているということ。もっといえば、**当たり前が、いかに尊いものであるか**ということ。

毎日朝が来ることは当たり前かもしれないけれど、一日たりとも同じ朝なんてなくて、移りゆくそのシーンを味わえること、これこそが生きる醍醐味。

たくさんの奇跡や、寄り添ってくださった方々のおこころ、様々なことが良きに働き、すべて、その結果の喜びであることをありありと思い返して感謝する。

この感覚を常に持ち合わせることに意識すると、人生は果てしなく尊いものになります。

だから、無意識、無自覚で過ごすことを今すぐやめることです。

まずは、書き出してみて、**無数の奇跡**を噛みしめてみてくださいね。

夢のリスト100

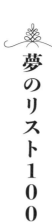

「あなたはいつもどこに居るかわからないし、行きたいところに行って、やってみたいって言っていたこと、すべてすぐに叶えてる！　すごい行動力！」と、友人に言われたことがあるのですが、身体よりいつもこころが立ち止まっていないんだと思うのです。戸惑ったり、

悩んだり、ブレーキをかけるということがないのかもしれません。なぜなら、何がしたいのか？　どう在りたいのか？　しっかり内観し、その感情が行動に繋がっているからです。

例えば、なぜ仕事で結果が出ないのか？
結果を出したい。夢を叶えたい。
なのに、なかなか思うように進まない。

それは、行動が足りていないか、想いと行動の辻褄が合っていない、もしくは行動そのものが間違っているのかもしれません。どちらもとても残念です。ですが、そもそも、想いがブレていたのなら、行動する前に想いを明確にする必要があります。

何がしたいのか？　どうか在りたいのか？

売り上げを上げたいのなら、価格設定、販促活動をする。新講座を立ち上げたいのなら、徹底的なリサーチ、自身のスキルのブラッシュアップ。どうなりたいかを掘り下げると、やるべきことが見えてきます。見つからないというあなたは、ぜひ、今の不満を書き出してみてくださいね。

なりたいものがないという友人Sさんは、パートをしているのですが、平日休みのため、土日休みのご主人に幼稚園児のお子さんを預け、家族三人で過ごすことがない、しかも残業も多く、家事をこなすのが精いっぱい、そんな状況でした。

「なりたいものがない」それは、なれるはずがないと思い込んでいるからであり、今の不満をひっくり返してみると、なりたいものが明確になります。

・平日休みではなく、土日休みの仕事に就く。
・土日は家族三人で一緒に過ごす。
・定時に終わり、夜は家族団欒を楽しむ。

不満をひっくり返してみると、願望が見えてきます。しかし、そんな条件の揃ったところがあるはずはない、つまり、叶わないと思い込んでいるから、なりたいものも迷宮入りしてしまうのです。ある！　と望めばちゃんと与えられます。

あると信じてその世界を望んだSさんは、ぴったりの条件を満たした就職先に出逢えたのです。

「なりたいものがない」

あなたもまだ、そう思うのであれば、今の不満をひっくり返してみてくださいね。なりたいものが見えてくるはずです。まずは思いつくだけ書き出してみます。そのうちネタ切れになるのですが、実は細かいこだわりなんかが見えてきて、更に叶えたい願望が溢れてきます。

例えば、家を建てたいという夢。外観はピンクでお庭が広く、天井は高く、素敵なシャンデリアをつけたい、キッチンもバスルームも広々……と、ある程度書き出したところで、その一つひとつの更に細かいこだわりをピックアップしてみると、広いお庭といってもテーブルやチェアが置けるくらいの広さで、ハナミズキや金木犀（きんもくせい）を植えたい、隅っこで家庭菜園もしたいな～という夢がどんどん膨らんできます。気づかなかったたくさんの夢が溢れ、すぐに100個達成することでしょう。

夢のリスト100ですが、書き出してからの注意点があります。それは誰もが知っているけれど、ほとんどの人が実践できていないこと。書いたままにしない、つまり、アクションを起こすことです。

受験生が、「○○高校合格!!」、「○○大学合格!!」と書いたものを貼り出す。なんていうのもそうで、目標を紙に書き出すことはとてもとても大切で、その効果は絶大です。なぜかというと、紙に書き出すことで、目標設定している、つまりそれを叶える行動を起こそうと奮起するからです。もちろん、行動せずして夢は叶いません。

新月の願いもそうで、願いごとは10個以上、ピンクのペンで縦書き、断定形で最後に、「叶いました。ありがとうございました」と書く。他人軸ではなく自分軸で、どうなりたいかを完了形でイメージして書き出す。などいくつかのポイントはありますが、要は、月の強大なパワーを受け、願いが叶いやすいこの新月に願いごとを紙に書き出すわけです。紙に書き出す行為がそもそも決意表明なのです。お正月の書き初めも決意表明です。しかし、書き出しただけでは叶いません（たまにあっさり叶うこともありますが）。

決意表明し、潜在意識に働きかけ、**行動するからこそ叶うのです。**


私が尊敬する、億万長者の方々は、夢のリスト100を作らなくても、新月に願いを書き出さなくても、どんどん願いを叶えています。なぜなら、書き出す以前にもう充分動いているから。なりたいビジョンはもちろん、なぜそうなりたいか、そして、そうなったときの自分さえも明確にイメージできているから自然と行動に移しているし、それが習慣化されているのです。


どうなりたいか？　どう在りたいか？

イメージできればあとは動くだけですね。宇宙は動いているものが好き。しかもハイスピードで！

動く。つまり、循環させることです。

１００年考えるより、一歩踏み出す勇気一つで未来はどんな素敵にも変化し続けます。

まずは**叶えたい夢をすべて書き出してみる**こと！

それでもなりたいものがわからいないという方は、満月の日に手放しワークをしてみるのもお勧めです。私は満月の日には、お仕事、健康、家族、趣味と、カテゴリー別に手放したい想いを一つひとつ書き出しています。お仕事面では、「頑張りすぎる」、「詰め込んでしまう」、「何度も悩む」、「後手後手にしてしまう」、「いろんな人と比較して落ち込む」など。健康面では、「余分な脂肪」、「寝不足」、「ついソファーでうたた寝してしまう」など、たくさんたくさん、不要な執着や、改善したい生活習慣を手放してきました。

先程の、不満をひっくり返すのと同じで、手放しワークをすると、いろんな執着が見えてきて、あっさり手放すことができ、気分が一新されまた新たな夢が見つかるはずです。

やり遂げる毎日を積み重ねていく

「簡単！　楽ちん！　でうまくいく」よくあるお言葉ですが、これは本当ですし、本当ではありません。

簡単、楽にうまくいっている人は、まず、それまで積み上げてきたその努力があったからこそ、うまくいく道筋を立てられるようになっているのです。つまり、そういう思考、そういう行動が習慣化され、何か違和感を覚えたら瞬時に軌道修正ができるようになっているのです。だから、迷うこともつまずくこともない。もうどうあってもうまくいくのです。だから、何事もスムーズにうまく事が運びます。

これはもう訓練でしかないのですが、そういう思考、行動を取れるようになるためには、やはり経験が必要で、辛い苦しいこともあり、そして、先が見えなくなりながらも、とにかく進んでいったからこその結果です。

「現状維持は衰退」それに気づいていない人はとても多いです。

ある日、受講生のセミナーの告知文の添削から私の一日は始まりました。一語一句、しっかりチェックします。でも、ご自分の想いで、言葉で発信するので、私はアドバイスするだけ。初めはとっても頭を使います。お時間もかかります。だけど、その分、血となり肉となり、「間違いなくパワーアップする！」その成長が嬉しくて、私はサポートしながら、ただ見守り、励ましています。添削していると、最初は訂正箇所が満載ですが、まずは、一つずつです。一気にたくさんのことをこなすのは大変‼　一つずつ、一つずつ、丁寧に。

多くを学び、経験を重ねていくと、つまずいていた部分も楽にこなせるようになり、物事がスムーズに回り始めます。そうなったとき！「簡単！　楽ちん！　でうまくいく」を体感するのです。まずは諦めず、立ち止まらず、経験を積むこと！　必ず未来は変わります。

受講生が卒業間際に、「努力をしているつもりでも、なかなか思うようにいかず、何度も挫（くじ）けそうになりましたが、先生みたいに諦めることをやめずにいたら、ようやく結果がついてきました」そうおっしゃってくださり、とても嬉しかったことを覚えています。そして、最後に、「それだけの努力をしてきました。と自信を持って言えるし、これからも楽しみながら頑張れます」と。

結果を早く求め過ぎないこと。言い換えれば、**結果が出るまでやり続けること**。必ず努力は結実する日がきます。それには先延ばしせず、効率良く物事を進めていくことが重要です。

「やる気が起きない」、「つい先延ばしにしてしまう」そんなときは、自分のこころと向き合い、しっかり確かめてみます。自分のことなのに、理解していない方は本当に多いのです。私もその一人でした。

「やる気が起きない」例えばその理由が、体調不良でしたら、回復してから取りかかればよいですね。

他には、「今すぐやらなくてはならないものではない」（緊急性が低い）場合。緊急性は低くても重要性が高いものであれば、一刻も早く取りかかってくださいね。この勘違いをしている人も少なくありません。そして、「時間を要するものなのでなかなか手を付けられない」であれば、作業を細分化して、おおよその作業時間を調べ、一日どれだけをこなし、何日かかるかを明確にし、逆算して計画を立てることです。どれだけの時間を使えるのか、また日によって作業時間、作業スピードも違いますし、何より意気込みも違うはずなのです。無理なく継続できるようこなしていく、そのプロセスを楽しむことが重要です。

私は毎晩、感謝のワークとともに、翌日やるべきことを書き出します。たった一つのときもあるし、3~4個のときもあります。一日かかる作業だったら、それ一つに集中しますし、1~2時間で済むものであれば、さっさとこなしていく。どんなことも先延ばしにせず軽やかにこなす。重要なのは、**逆算思考でタスク管理**をするということ。そして、詰め込み過ぎないこと。一歩一歩進んでいるように見えて、一人だと挫折したり、積み重なっているものに手応えを感じられず不安になったり。挫折したとき、自分を卑下してしまいがちですが、「できる!」、「できた!」という小さくとも成功体験を重ねていくことで、やり遂げることに心地良さを感じ、習慣化されていきます。

嫌なこと、面倒なこと、大変なことこそ、丁寧に。
そして、できた「自分を褒める！」、これ、意外と効果絶大です。

夢を叶えるビジョンマップ

あるとき、ダイエットをしようと決意したのです。それから5ヶ月が経過し、8キロ痩せました。それまで何度もダイエットを繰り返し、リバウンドし……ですが、なぜ5ヶ月で8キロ痩せることができたのか。それは、しっかりと目標設定したから。アドリア海・エーゲ海クルーズの旅で素敵なドレスを着たい！　その日までに！

「とりあえず4キロ痩せる！」これは約三週間で達成しました。少しハードでしたが、日にちが迫っていたので。痩せられたことに達成感を覚え、「更に身体を絞りたい！」と思ったのは、動画に映る自分が醜（みにく）いと嫌悪感を持ったからです。少しずつ身体が変化し、ますますダイエットが楽しくなりました。その年末年始も不摂生をしない！　と決め、頑張りました。というより、やはり楽しんだという気持ちの方が強いかもしれません。楽しいことしか続きません。中には、辛い苦しいことが好きという方もいらっしゃるかもしれませんが、私は前者です。

徐々に食事に対する意識も変わり、ダイエットを始めて5ヶ月後、トータル8キロ減。もう一生着られないかもと思っていたワンピースが着られた！

そう、8キロ痩せて気づいたこと。それは、ビジネスでも同じなのですが、しっかりゴールを設定すること。何のためにそれをし、どういうゴールを目指すのか？　そしてそのための行動を細かく組み立てていくこと。**ゴールを見失わないこと**。行動し続けること。楽しむこと。先程お伝えしたように、逆算思考でタスク管理をするのですが、それに加え、ビジョンマップを作成することもお勧めです。大きなコルクボードを購入し、お気に入りの写真をペタペタ貼るのも効果的ですが、私はダイエット時には大好きなモデルさんをスマートフォンの待ち受けにしました。一日何度も開くスマートフォンの待ち受け、そこに映る美しいモデルさんを自分に重ね合わせ、未来像をイメージしていました。

夢が叶う人と、そうでない人。この違いは何だと思いますか？

「新月に願いを書いても叶わない」

「感謝し、与えても何も引き寄せない」

「夢をありありとイメージしているけれど、叶わない」

多くの方がそう立ち止まります。

ほとんどの人が、夢は叶わないものだと決めつけてしまう。「現実を見なさい」と。だけど、その現実は、あなたの思考が作り上げたもの。すべてあなたの望む形になっています。だから、本当に望むものをありありとイメージし、強く望み、諦めることなく行動し続ければ、必ずそれらは現実として、目の前に現れます。夢を叶え続けてきた人は、望む未来を実現できると無条件に信頼した人です。

人は自分が考えた通りの人になるのです。そして、願望を実現できるのは自分のこころだけ。そのために**理想を可視化してイメージを膨らます**のです。マインドマップでも、スマートフォンの待ち受けでもよいですし、私はダイアリーにもなりたいイメージの画像を何枚も貼り付け、一日に何度も見つめています。ポイントはなりたいイメージをより具体化することです。

例えば、「年収一千万円になりたい！」そういうご意見をよくお聞きしますが、なぜ一千万円なのか？　そのお金で何を叶えたいのか？　何が必要なのか？　そして、それを手に入れるとどうなれるのか？　どうなりたいのか？　考えてみます。

今の収入でそこに近づく物を購入し、心地良さや特別感を体験してみます。その上で、「いくらあればこうなる」、「これが叶う」を確認し、そうなれたときに手に入れたいものや理想像、例えば、車、アクセサリー、海外旅行、憧れのモデルさんなどの写真をノートに貼ります。

「年収一千万円になりたい」と、一口にいっても、目的が違えば、その手段が変わるように「本当の望みは何か？」しっかり向き合うことが大切です。そして、叶わないという「思い込み」や、叶えられない「言い訳」を一掃してくれるのが、画像、視覚に訴えるということのビジョンマップが、自己効力感、つまり、「できるという希望」を高めてくれるのです。

好きなもの、好きなこと、好きな場所、まだ見たことのない世界……。

ぜひ、そのすべての画像をノートに貼ってみましょう！　あとは、**無条件に叶うと信じるだけです。**

過去のすべてが彩り豊かな1ページ

「過去は変えられないけれど、未来は変えられる」

そして「未来は今」。だから重要なのは「今」だといわれています。私も甚く同感なのですが、ただ、過去の「事実」は変えられませんが、過去の出来事そのものに対する捉え方、つまり「感情」は変えられると思うのです。

生徒Aさんのお話です。

高校生のとき、お友達に心無い言葉を掛けられ、とても傷ついたそうです。そこから仲良しメンバーの間にも亀裂が入り、ぎくしゃくしたまま卒業。それ以来、人の言葉が信じられなくなり、人間関係が煩わしくなり、30年経過した今も、「お友達はいなくても平気」という状態です。

お友達に心無い言葉を掛けられ、確かに「傷ついた」わけですが、徐々にその事実が、「傷つけられた」に変換され、もう二度と思い出したくない辛い過去となったわけです。このように人は、自己都合で感情の捉え方をいかようにも変えることができます。

「心無い言葉を掛けられた」というこの事実から、何を学び、どんな気づきがあったのか？あまりに辛い思いをしたのなら、もうこのお友達とのお付き合いをやめる。付き合っている意味もメリットもないでしょう。メリットというと損得勘定が働くみたいなイメージですが、決してそうではなくて、同じ波動の人とお付き合いをしていないと必ず疲れや、ひずみが出てきます。価値観やこだわりなど重きを置く部分があまりに違い過ぎると、お互いのエネルギーが循環されることも、高め合うこともありません。だから、このお友達とのお付き合いをやめる。傷ついたかもしれませんが、「我以外皆我師也（われいがいみなわがしなり）」という言葉があるよう、自分以外の人は、何かを教えてくれる教師のような存在。そう割り切り、過去の「傷ついた」感情を「気づき」に変換するとこころが楽になるはずです。「傷つけられた」と、わざわざ傷口を広げるのではなく、傷ついたけれども「学びであった過去」だと捉えると、「思い出したくない」ではなく、美しい年輪として記憶され、どんな過去もあなたの大切な一ページとなることでしょう。

そして、「お友達はいなくても平気」という感情。これは、もちろん過去のトラウマからなのですが、「なぜいなくても平気なのか？」それは、お友達という存在は「面倒」、「煩（わずら）わしいもの」という過去からの思い込みが根深く残っているからでしょう。皆が皆、面倒な人なのでしょうか？

こういう場合は、「面倒ではない、煩わしくない、一緒にいて気を遣わず楽しめるお友達を作る」そう願えば良いだけです。あなたがそう在りたいと感じているのと同じく、その**条件を満たしてくれる人が必ず現れる**のです。

過去の辛い出来事を、どう受け止め解決するかで、勝手な先入観もなくなり、今も未来も、もちろん過去の出来事すべてが、彩り豊かなものになるはずです。

私もデコレーション講師時代、パソコンでデザイン作成をするという授業をどうしても取り入れたくて、パソコンが大の苦手だった私が「教える人」になるため、パソコンを購入し(そこからです、涙)、ひたすらデザイン作成をしてきました。授業中、アクシデントが起こるたび、それはそれは必死に解決し、幾度もGoogle & YouTube にお世話になり、あるときは恵比寿から渋谷のビックカメラに走ったことも……。

それらは、「失敗」の数々であり、ただ「失敗」というカテゴリーに分類されるのかもしれません。そう捉えると、「人生の汚点」になりかねません。もちろん生徒のことを思えばあってはならないことですが。

しかし、「失敗」なんてない。そう捉えることで、更に学びが深まるはずです。「失敗＝封印したい過去」というイメージを持ってしまうと、そこからの学びさえ消失してしまいます。

「失敗は成功の元」とも言われるように、何を学び、どんな改善点が見つかり、その経験のすべてがどう未来に反映されるのか、そう感じるだけで、「失敗」という過去は多くのチャンスを与えてくれたギフトとなるはずなのです。

過去の事実は変えられないけれど、捉え方を変えてみる

第四章

ネガティブな感情との向き合い方

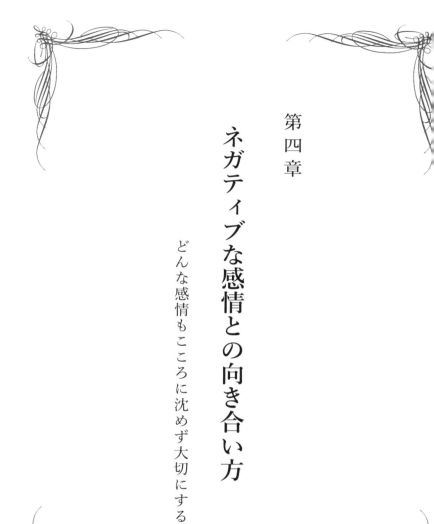

どんな感情もこころに沈めず大切にする

ネガティブ思考との付き合い方

誰だって、悩んだり、落ち込んだり、迷ったり……。「なぜそんな想いになってしまうのか」そして、「どう在ることがベストなのか」わからなくなり、知らず知らずのうちに引き寄せている不安、恐れ、迷い、あなたのこころの中にもきっとありますよね。私にもたくさんありました。

人から「すごい！」と、言われても、私自身は微塵（みじん）も感じていなくて。もちろん、すごくもなければ、何か人より秀でたものがあるわけでもなく、器用でもないし、要領が良いわけでもない。ないない尽くしでした。パソコンと格闘して、泣きたくなる毎日でしたし、うまくいかないと、「これでいいのか？」と不安になることもあったし、「もうやめたい！」と、投げ出したくなることも多々ありました。

「私には向いていない」、「やっぱり無理だったんだ」、「そもそもできるはずなんてない」、「なぜ自分はこうなんだろう」と途方に暮れることも。特に、新たな一歩を踏み出したときは往々にしてありました。

そんなときの気持ちの切り替えも徐々にうまくなってきた気もしますが、いまだコンプレックスだらけです。でも、だから、「どうしたいのか？」、「どう在りたいのか？」ダメな自分にばかりフォーカスし落ち込むのではなく、コンプレックスも、ネガティブな気持ちもまずは認めてしまうのです。

パソコンにおいて苦手意識があり過ぎる私は、最近、得意な方のお力を借りています。苦手を克服することだけがうまくいく手立てではなく、苦手だからこそ、人の手を借りることでストレスが軽減され、物事がスムーズに運びます。もちろん、苦手なことに挑戦すれば、克服したその先には、多くの学びと経験から得るものはあるはずですが、あまりに時間を要するのであれば、他者の力を借り、時短で解決する方法も選択してよいはずなのです。

苦手だからといって、ついネガティブな感情に振り回され、手を止めてしまうのではなく、

逃げないで、解決策、改善点を見出すことはとても重要ですね。

短所も長所といいますが、コンプレックスがあり、またそれがチャームポイントでもあると私は思っています。

バルセロナである方に言われたのですが、「よく寝る」、「すぐ寝る」と。

私の目を見ただけでわかるらしいです。そのときは、実は認めたくなくて、自分でもよくわかっていたはずなのに、「そんなことはない」と否定したんです。なぜなら、「よく寝る」、「すぐ寝る」というイメージが私の中で「怠け者」と映ったからです。ですが、それ以来、「私は寝るのが大好き」ということを、ことあるごとに痛感し始めたのです。

飛行機の中でも、もちろん新幹線の中でも、どこでも、しかもすぐに眠ることができます。自宅で事務作業をしていても眠くなるとすぐにお昼寝します。それまでは「寝てしまった」という反省の気持ちが毎回膨らんだのですが、「寝るのが好き」と認めてからは、その時間が「至福の時」になり、起きた瞬間の目覚めが、それまでの「反省」とは違い、「爽快」になったわけです。

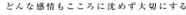

何時から何時までは「仕事の時間」という枠にはまるのが嫌いで、朝昼無関係に好きなときに眠るのが大好き。その分、集中力はある方だと気づいたのです。日によってムラがある、でも夢中になると30時間くらいは一つのことをやり続けられます。いつしか「こんな時間なのに寝てしまうダメな自分」と落ち込むこともなくなり、好きな時に眠り、集中できる時にその想いを発揮する、ネガティブな要素を受け入れることで、そんな自分らしい、心地良いスタイルが定着したのです。

そして、発信するのが大好きなのに、語彙力もなければ文才もないから、落ち込み、ネガティブの塊に包まれる、その繰り返しでした。でも、素敵な方々を目標に「発信していきたい！」という気持ちが溢れ、何とか近づきたくてたくさん本を読んできましたし、広告や雑誌から言葉を拾いメモして自分の言葉にしてきました。これは最早、私の趣味となりつつあります。ダメな部分があってこそ、成長できたのかなとさえ思います。ダメだから、人に任せる！　という手もありますが、工夫し、努力してこそ成し得るものがあり、成長できるはず。どちらを選択しても大丈夫なのです。

ダメという表現が好きではないのですが、あえてわかりやすく表現してみました。

・ダメ、いわゆる不得意分野は人に任せる
・うまくいくよう努力する
・他の分野で補う

様々なスタイルがありますが、重要なのは、苦手な部分、ネガティブな感情を見て見ぬ振りをするのではなく、補填するということ！

苦手な部分を認め、そこを補う努力、どうにか埋めたいという心理が働いてこそ、奥底に眠るパワーが発揮できるときでもあります。どこに意識し、何を感じ、どう行動するかで人生は大きく変わりますね。叶えたい夢があるとき、とりあえず行動する人、慎重になる人、完璧を求める人、様々ですが、完璧を求めず、ある程度のビジョンを持ち、さっさと行動する人が夢の実現を加速させる人です。真面目な方に多いのですが、完璧を求め過ぎて、なかなか踏み出せない。そうなってしまうと、日一日（ひいちにち）と過ぎてしまい、夢どころか、ビジョンまでも崩れてしまうことがあります。

人は成長している限り、完璧などないわけです。そして、進んでいけば必ず改善点は出てきます。「今の精いっぱいの状態で、いつまでに仕上げる！」というふうに期限を決めることも大切です。

まずは、どんなあなたも**「大丈夫」と認めてすべてを受け止める。**完璧を求めない！　あなたらしく！　を丁寧に意識してみてくださいね。必ず未来が変わります。

他人の言葉に惑わされない

情報過多の時代で、何を信じていいかわからない。そんなご相談をいただくことも少なくありません。

「アメブロはもう古い？」、「集客にはこのツール？」、「高額商品を作ればいい？」、「ステップメールでリスト取り？」

どれも間違いではありませんが、あなたに合った商品設計、見込み客へのアプローチ、活用できるSNSが必ずあるのです。常にアンテナを張り巡らせ、情報をキャッチすることはとても大事ですが、それをどう活かし結果に繋げていくか、こちらは更に重要です！　情報に惑わされず、まず、あなたがどう在りたいかを明確にし、その上で的確な情報のみキャッチし、行動していく。時に勘違いしてしまうことも、彷徨(さまよ)うこともありますが、それは行動しているからこその学び。そう捉えることができる人は、また行動し続けられます。

知っているか、知らないか、この差はさほど大きくありませんが、行動するか、しないか、その差は大きく、そして、継続の差は、更に大きく人生に反映されます。そのためにもまず、「どう在りたいか？」あなたの素直な気持ちと丁寧に向き合ってみてくださいね。本当に正しい情報のみを得て、行動を継続していくことが大切です。

そして、惑わされるのは情報だけでなく、言葉の意味についても同様です。多くの方の、いわゆる一般的な言葉の解釈で、あなたの人格を作り上げないということです。

先日、あるイベントで知り合ったYさんが「私、マルイチなんです」とおっしゃったんです。瞬時に私は、「この人、好き！」って思いました。「感覚が似ているな〜」って嬉しくなったんです。離婚歴がある方は、だいたいご自分を「バツイチ」と表現します。ですが、Yさんも私も「バツイチ」という言葉を使いません。なぜなら、バツイチという表現が好きではないから。つまり、この言葉の持つ意味が、バツ→罰＝「結婚に失敗した人」と捉えられていると感じているから。もちろん、そんなふうに感じることなく、この「バツイチ」という言葉を使用する人もいらっしゃるでしょう。

もし、あなたが、「バツイチ」という言葉を「結婚に失敗した人」という捉え方をしているのなら、この言葉を使用しないほうがいいでしょう。

「バツイチ」が「結婚に失敗した人」なら、「シングルマザー」は「一人で子育てをしている大変なお母さん」

そう捉えながら、その言葉の持つ意味に染まらないこと。

「私、シングルマザーなんです」そう発する声やそのエネルギーで「一人で子育てをしている大変なお母さん」なのか、「子育てを一人で頑張っているお母さん」なのかわかります。後者のほうが幸せそうに映りますが、誰にどんなふうに見られたいかとは無関係に、**自分がどう在りたいか**です。要は、一人で子育てをしているけれど、「楽しみながら頑張っているシングルマザー」なのに、多くの方が思い込む、一人で子育てをしている「大変なシングルマザー」だと自分を決めつけてしまわないこと。

生徒Kさんは、「私、出戻りなんです」と、申し訳なさそうに教えてくれました。よくお話をお聞きすると、ご両親のもとに帰ってきたKさんは大切にされ、休日はお母様とショッピングに行ったり、夜はお父様と野球観戦をしながらビールを飲むといった充実の毎日なのです。

離婚して実家暮らしではあるけれど、両親と楽しく暮らして幸せなはずなのに、「出戻り」という言葉のもつ「離婚して実家に戻った肩身の狭い娘」という他人のイメージに染まってしまったのです。今の幸せを見過ごすことなく、しっかりと受け止め、確認することで更に幸せの感度は高まります。

他人の言葉に惑わされない、**悲劇のヒロインを演じるのはもうおしまい**です。

なかなか行動に移せないとき

挫(くじ)けそうになったり、「もうダメだ」と、私もこれまで何度も諦めかけたことがあります。だけど、そんなときは、「どうなりたかったんだっけ？」と、ゆっくりこころの声に耳を傾けます。これまでのストーリーがあり、今の自分が形成され、「これからどうしていきたいのか？」そして、それまで積み上げてきたものや想いを振り返り、また奮起するのです。「こんなに頑張ってきたんだから、まだまだもっと頑張れる！」って。過去の事実をきちんと振り返り、受け止めてみてくださいね。

なかなか行動に移せないという方にお勧めなのは、**「今、行動しなければどうなるのか？」**

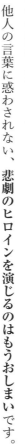

という状況を感じてみるということです。「こうなりたい」という夢があるのに、不安や迷いが生じ、なかなか行動に移せない。そのお気持ち、わかります。ですが、今、やらずしていつやるのでしょうか？　そして、このままずっとチャレンジしなかったら、どんな気持ちになるのでしょうか？

ずっと会計士として独立を夢見てきた生徒Cさんは、念願の開業を果たし、お客様も収入も増え、順風満帆でしたが、一つだけお悩みがありました。それは、かなり「自由度が低い生活」になってしまったということ。独立の夢は果たしたけれど、一人ですべてをこなし、激務のため大好きな旅行にも出かけられない。「事務所を存続させなくては」という重圧を感じながら、無休でがむしゃらに働いていました。そもそも独立したかった理由は、「お金も時間も自由」になりたかったからなのです。金銭的な部分では、ある程度自由になったけれど、それに反比例し、自由度が低くなっていく。そんな状況に戸惑いながらもCさんは、念願の独立という夢が叶ったわけですから、これ以上望むなんて贅沢だと思ってしまったのです。

「自由になりたい」そのために「人を雇いたいけれど、女の子は結婚や出産ですぐに辞めてしまう」、「そもそもそんなにうまくいくはずはない」こんな思い込みがあったので、「大好きな旅行に出かける」という夢を見ることもなくなりつつありました。せっかく叶った夢さえも、「こんなはずではなかった」と後悔するようになっていったのです。激務なうえ、趣味の旅行にもなかなか出かけられない。これではストレスが溜まるはずです。お金も時間も自由になりたくて独立したのに、時間に追われる生活。疲れ果て、何とか「自由な時間を手に入れたい」という夢を改めて掲げてみたものの、なかなか叶えるための行動を起こすことができない。「やっぱり時間もお金も両方手に入れるなんて無理なんだ」と諦めていました。

「何のために働いているのだろう？」

そんな疑問さえ感じるようになりました。

「自由になりたい」

この夢を叶えたいのに、なぜなかなか行動に移せないのでしょうか？

それは「人を雇いたいけれど、女の子は結婚や出産ですぐに辞めてしまう」、「そもそもそんなにうまくいくはずはない」そんな思い込みがあるからです。勝手に制限をかけてしまうのです。独立するという夢を叶えられたのなら、「自由になる」夢も叶えられるはずなのです。

私がお伝えしたのは、第三章でお話ししたように「夢のリストアップ」です。自由になるためには、「頼りになる女性を雇う」そして、その条件を思いつくだけ書き出していただきました。

「すぐに辞めたりしない」、「結婚していても働くことに理解のある旦那様である」、「子どもがいてもご両親や旦那様がしっかりサポートしてくれる」、「都内在住」、「お仕事ができ、臨機応変に対応できる」、「金銭面で信頼のおける人」、「性格が良い」、「お客様にもウケが良い」、「見た目も美しい」などなど、面白いくらいたくさん出てきました（笑）。

叶えたいことがあるのに、「今、それをやらなかったら、どうなるのか？」お聞きしてみました。

「金銭的な余裕こそ出てきたものの、時間の余裕はなくなり、何のために働いているかわからないという虚しさの中、このまま生きていくことになる」


結局、やるか、やらないか、その二択しかないんです。挫けそうになったとき、なかなか行動に移せないときは、**今、行動しなければどうなるかを感じてみる**とよいですよ。

ライバルを見て落ち込んでしまったときの対処法

ＳＮＳで素敵な旅の投稿を見て「いいな〜」と感じたり、お友達の幸せな話を聞いて羨ましくなったり。あなたもそう感じたことはありませんか？　私はこれまでたくさんたくさんありました。

今は、「いいな〜」と思った瞬間、どこに、「いいな〜」と感じたのか？　そして、私はそれを本当に望んでいるのか？　逐一(ちくいち)、確かめるようにしています。

大人気のハンドメイド作家さんの投稿を見て、「売れっ子になっていいな〜」と感じたのなら、どこに憧れを抱いたのか？

大人気という部分だとしたら↓私も売れたい！↓SNSの投稿を頑張る↓制作も頑張る↓スキルアップする。

こんなふうにやるべきことが見えてきます。

「私も売れたい！」と、感じたとき、「彼女はセンスが良いから」、「都会に住んでいるから」、「お友達が多いから」と、勝手に「別格」という偏見の目を持たないことです。

たとえもし、そうだとしても、そこに近づく努力はできるはずなのです。だから、**誰かを羨ましいと感じたときは、成長するチャンス**です。

「周りの人と比べて焦ってしまう」そんなご相談をいただきました。もちろん私にもありました。人より秀でたものがあるなんて、一度も思ったことなんてないし、世の中にすごい人は本当にたくさんいて、どちらかといえば、私は器用ではない方なので、いろいろ時間がかかるのです。だから何でも器用にこなす人が羨ましく、焦燥感でいっぱいになるときも多々ありました。

Mさんもそんな不安な気持ちを抱えていました。努力してネイリストになり、自宅サロンをオープンさせたのですが、何万人とフォロワーさんがいるトップネイリストさんのSNSを見ては落ち込み、自信喪失する毎日でした。なんとも美しく繊細なデザインはため息がこぼれるほど美しく、セミナーは開催すれば一瞬にして満席、もちろんサロンは予約が取れないほどの大人気。SNSを開くたび、落ち込み、焦ってしまう。

そんなときは、「焦らず、あなたのペースで」と言っても解決しないですよね。では具体的にどうすればよいかというと……。

まずは「現実を見る」ということです。トップネイリストの方とは経験年数も実績も違うわけですから、**優劣をつけない、自分を卑下しない**ことです。そして、この方のお客様とMさんのお客様は「別である」と切り離すこと。トップネイリストの方の施術を求めるお客様は、デザイン性や技術力を重視し、「価格」ではない、むしろ高額を支払ってクオリティの高さを求めます。しかし、Mさんのお客様はどうでしょう？　経験値、技術力が低いから安価＝「安さを求めるお客様」というわけではなく、それ以外の部分に惹かれて施術を受けるわけです。それは、お人柄、サロンの雰囲気、世界観、とびきりの笑顔かもしれません。だからあなたも、あなたの魅力、強みを知っておいたほうが有利です。自分で自分のことはわからなかったりしますが、そんなときはお友達に聞いてみると、思いがけないお返事が返ってくるものです。

私も「そんなふうに見られているんだ」と驚くようなことがありました。もちろん嬉しいことです。「年中行事を大切にしているところが素敵」と多くの方から言われたとき、自分では当たり前のことだったので、他の方との「重きを置く部分」の違いを知り、気づいていない自分の魅力を大切にしようと思ったきっかけとなりました（第七章で年中行事について詳しくお伝えしています）。

つまり、トップネイリストの方は当然、秀でた部分があるわけですが、その方にない魅力がMさんにもたくさんあるはずなのです。

ある方がおっしゃっていました。

「売れたいのなら、実績よりも信頼度」

全くもって同感です。何かを始めるとき、誰もが平等に「ゼロからのスタート」です。実績ゼロでも信頼度がいかに人生を豊かにするか。第二章でもお話しした通り、本気で生きる人は、信頼され、応援される人になれるのです。実績こそ違えど、Mさんの本気度はトップネイリストさんと比較できるものではありません。

お仕事以外にも、なんだか「あの人はいつも幸せそう」そう羨ましく思うときもありますね。そんなときも、その人のどこが羨ましくて、今の私はそこに近づくため、何をすればよいか、考えてみるといいですね。「いいな〜」「羨ましいな〜」という憧れを憧れのまま終わらせないため、努力を楽しんでみましょう。第六章で詳しくお伝えいたしますね。

思い切って付き合う人を変えてみる

悩んだり、迷ったり、不安になったとき、あなたはいつもどんな人に相談されますか？

独立し、コンサルの料金設定を悩んでいたAさんは、元同僚に、

「お友達価格から上げたいんだけど、どう思う？」

そう相談したら……、

「高いと申し込まないよね」

と言われました。思わずAさんは

「そうだよね！」と。

お悩みを相談したのに、会話はそこで終了。何のアドバイスもなく、解決もしていません。

この場合、解決しなかったことが問題ではなくて、元同僚が、なぜ「高いと申し込みがな

い」と回答したのか。それ以前に、「高い」の基準を確かめてみることが重要なのです。

ビジネスのご相談は、成功している人、自分より先を進んでいる人にするのがベストです。なぜなら「料金設定を見直したい」、「でも上げられない」と、悩んで相談してみても、「高いと買わない！」って言われてしまったら、とっても残念だからです。

「高い」ではなく、今の料金設定を見直すこと。Aさんの価値を提供するわけですから、その価値に見合った価格を設定することが望みなのです。このお悩みに対してベストな回答は、成功者の方からでないと聞くことができないのです。悩んだとき、迷ったときは、ぜひ、成功者の方にご相談してみてくださいね。


誰かの夢を笑ったり、否定したりせず、ただ応援し、背中を押してくれるのは、夢を叶え続けてきた人です。

そして、あなたは……。

応援してくれているのに、「できない」と言わないこと。相談したのに、「あなただからできた」と、逃げないことです。

あなたの思考が変化するとともに、共感する人、波動が合う人が変わってきます。中学の同級生でずっと仲良しだったのに、別々の高校に入学し、疎遠になることはよくありますね。これまで毎日逢っていたのに、逢う頻度が低くなり、また新たなお友達ができたり、環境の変化など、様々な条件が重なり疎遠になるわけですが。疎遠になる大きな原因は、意識つまり、波動が変わってしまったからです。それぞれの校風に染まったり、勉強、部活、異性など興味を注ぐ部分が違うと、波動が変わったせいで、話が噛み合わなくなってしまいます。

あなたにもそんな経験があるはずです。私もたくさんの出逢いと別れを繰り返してきました。でもそれは当たり前のこと。別れ、疎遠になることが必ずしも悪いことではなく、自然な流れなのです。

「波長が合わなくなった」と感じたら、思い切って「お付き合いをやめる」という選択をしてみてくださいね。これまでの関係性を思い出し、乗り気ではないのにお付き合いをしていくのは、時間の無駄です。冷めた意見かもしれませんが、疎遠になったから「出逢わなければ良かった」というわけでは決してなくて、楽しい日々もあったはずなのですから、その部分は事実として認め、感謝し、今はお互い違う環境に身を置いているのだと受け止めましょう。その何年後かに何かのきっかけで再会するかもしれません。

「**周りは写し鏡**」。とにかく今、自分はどう在りたいか、どんな方と関わっていたいか、丁寧に向き合ってみるときっと答えが見つかります。

波長の合わなくなったその人と一緒にいて楽しいか、どんな決断を選択しても**あなたが一番の理解者であり、一番の味方**です。

第五章

あなただけの「らしさ」を発揮

言霊（ことだま）の思想を大切にする

思考と言葉はセットで使う

第一章でも「言葉が人生を創る」とお伝えしました。

日頃、あなたはどんな言葉を使っていますか？　言葉は、どなたかの人生を大きく変える一言になったり、時に凶器にもなり得ます。日本には、言霊（ことだま）という独特の思想があり、言葉が多くの方々、そして自分への波動となって伝わります。良い言葉を使えば、より良い人生へと、「最悪！」、「ツイテナイ！」そう発すれば、その通りの人生になります。


ある日、インスタライブの配信中にこんなご意見をいただきました。

「猫ちゃんの風邪が心配で、眠るとき、不安になる」

なんてお優しいのでしょう。猫ちゃんは大切でかけがえのない存在！「悪化したら」と思うと不安になりますよね。

嬉しい、楽しい気持ちもそうですが、悲しみや不安、恐れ、それもすべて、波動となり、周りの方々に伝わります。可愛い猫ちゃんが心配で不安になるお気持ち、よくわかります。でも、不安も波動となり、猫ちゃんに伝わります。心配なお気持ちを拭(ぬぐ)うことはできなくても、「大丈夫、良くなるよ!」と、おまじないをかけてあげましょう。見守って、安心させてあげましょう。そして、「明日は良くなるよ!」と、祈りましょう。

手当てという言葉があるように、手を当てることでエネルギーが伝わり、悪いところが良くなる、それは極論と捉える方もいらっしゃるかもしれませんが、私は日々、どんなエネルギーを発し、どんなエネルギーを受けて生活するか、とてもとても重要だと受け止めています。お母さんがお子さんに、この子は内弁慶(うちべんけい)、そんなふうに思っていたとしたら、間違いなくお子さんは、その暗示にかかります。

想いも言葉もすべてエネルギーです。

どんなエネルギーを発しているか、そこに気づくだけで人生は大きく変化します。

そんなインスタライブをご覧くださった方からいただいたご感想です。

普段、何気なく発している言葉にエネルギーがあり、それが周りの人に伝わり、「どんな想いになるか」考えたことなどなかったので、とても勉強になりました！　私は、すぐにネガティブな言葉を発してしまうので、それが人生を創っている！　そうお聞きして、怖くもなり、納得でもありました。Instagramでも、こころを込めた言葉で多くの方と繋がりたいです！　想いが言葉となり、行動となり、「人生を創る！」忘れずに、意識していきます！
ありがとうございました。

言葉選び、そして、言葉足らずな部分を改善すれば、更に良好な人間関係を構築できるはずですよね。ご感想のように、考え方を変える、言葉を変える、それだけで人生は大きく変わります。

これからは誰もが発信できる時代。こころが動くフレーズに惹かれ、胸の奥底に刻まれるよう、素敵な言葉を紡いでいたいですね。まずは、**日頃の思考癖や発する言葉を変えてみる、**面白いくらいに人生が変わり始めます。

言葉が未来を創る

「忙しい」という漢字は「こころを亡くす」と書きます。だから、どんなに忙しくても、「充実しているって言おう！」と、いわれても、やっぱり忙しいものは「忙しい」し、「この状況を形容する言葉など他に見つからない！」そんなふうに感じたことがあります。忙しい＝充実かもしれませんが、無理矢理、違う言葉に変換するのではなく、どんな想いでその言葉を使用しているか、自分で理解することが重要です。

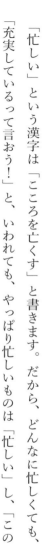

例えば、多くのお客様の対応をして「忙しかった」場合、その意味が「疲れた（苦しい・辛い）」のか、「楽しかった（満足・幸せ）」のか。同じ「忙しかった」という言葉でも、発するエネルギーは全く異なるものとなり相手に伝わります。辛く苦しいことが悪いわけではなく、だからどう感じたのか？　つまり、「疲れた（苦しい・辛い）」→「もう嫌だ」なのか、「でもまた明日頑張ろう」なのか。こんなふうに感情をしっかりと受け止めることで、発す

る言葉のエネルギーが変わります。

先程お話したように、「言霊」という日本人特有の思想にあるように、使う言葉はとても重要ですが、その根底にあるのはやはり「こころの在り方」だと思うのです。こころが満たされていれば、「忙しい」ことは、不幸でも不満でもなく、紛れもなくありがたくて「幸せ」なことであるはずです。

ここ最近では「おひとりさま」という言葉も、「一人ぼっち」、「孤独」、「寂しい」ではなく、「自由」むしろ「優雅」という意味合いを持つようにさえなってきました。ある友人は、「一人でカフェに入れない」と嘆いていましたが、一人時間を満喫する方も年々増えてきたように、時代とともに言葉の持つ意味も変化しますが、自分がどんな想いで言葉を発しているかがとても重要です。

以前、こんなお話をお聞きしました。

言葉は簡単に嘘をつきます。自分を守るために。

しかし、**エネルギーは嘘をつくことができません。**エネルギーはそのまま波動となって伝わります。

相手を理解するには、発する言葉ではなく、そのエネルギーを感じることが大切です。

「本当にその通りだな〜」と深い感銘を受けました。

言語による左脳で理解することを習慣づけられた私たちですが、より、ものの本質を認識するためには、こころでものを観ることが重要です。

言語による情報過多の時代だからこそ、こころで観る生き方が求められる時代になりますね。

「ただいま」の一言で、ご主人やお子さんが、どんな心理状態かわかるように、その言葉の持つエネルギーは、あなたが思う以上にダイレクトに相手に伝わり、そして同じくダイレクトに自分に戻ってきます。

日頃、あなたが発する言葉は、どんなエネルギーが込められているのでしょうか？

エネルギーを意識し、発する**言葉を変えると未来が動き始める**ことに気づくはずです。

脳は主語を理解できない

私たちが日頃、何気なく使っている言葉が、脳と身体に大きく影響しているそうです。

しかも、「脳は主語を理解できない」という性質を持っています。主語が理解できないので、自分が発した言葉すべてを自分のこととして捉えてしまいます。

だから、人の悪口を言うと、脳の中では自分が悪口を言われた時と同じ状態になり、つまり、相手の悪口を言うと、自分自身に悪口を言っていると判断し、自分も傷つき気分が悪くなります。

好きな人や愛する家族の話をしている時は、「好き」な気持ちや「愛おしさ」が溢れ、思わず笑顔になります。ですが、苦手な人や、嫌いな人の話になると人相が悪くなり、つい眉間にしわが寄ってしまいます。私も遠い昔、ある女性に対して、嫉妬心からつい、相手を否定してしまうような感情を抱いてしまったことがあります。当然、自己嫌悪に陥り、数日間、こころのモヤが晴れない状態でした。もちろん、「どうしてそんなふうに思ってしまったんだろう」という後悔や反省もありましたが、言葉を発していなくても、こころの中のつぶやきも同じです。脳は主語を理解していないのです。

スポーツの試合で、どうしても勝ちたくて、「相手がミスすればいいのに」などと思うことがありますね。それは、無自覚のうちに自分で自分に呪いをかけていることになっているのです。反対に相手を褒めてあげると、自分が褒められたと思い、気分が良くなり自尊意識が高まります。

ある有名プロゴルファーの方は、ここ一番の大勝負の瞬間、対戦相手が「うまくいきますように」と祈るそうです。「相手」という「自分」に余計な「呪いをかけない！」だから自分を妨げる想いが少ないのです。その結果、それだけの成果を出せるのだそうです。凡人とは逆の思考だと知ったとき、私は大きな衝撃を受けました。そう、すべてはエネルギーなのです。

この脳の特性を理解し、良い言葉を日常的にしっかりと意識して使おうと思ったのです。何も難しいことはありません。相手にかける言葉を大切にすることが、結果的には自分自身も大切にしていることに繋がります。

無意識のうちに**あなたを傷つけている言葉たち、**見直してみると良いかもしれませんね。

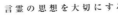

第四章で、ネガティブな気持ちもこころに沈めることなく、「どう感じたのか」自分のこころと向き合うことが大切だとお話ししました。私は、嫌なときは「イヤ！」、と思わずつ

ぶやいてしまいます。ですが、この章では、「脳は主語を理解できない」から、汚い言葉やネガティブな言葉を控えるとお伝えしています。

「では、どうしたらいいの？」

そんなふうに戸惑ってしまうかもしれませんね。一番わかりやすいのは、そのときの心理状態です。

例えば、上司に理不尽な叱り方をされ、ついイライラしてしまい「嫌い！」と叫びたくなったとしましょう。いろんな人にこの話をして、それでもイライラしてしまう。引きずってしまう。そんな状態だとしたら、こころの中はずっと落ち着かないままです。

友人に、あの上司、「嫌い！」、「ひどい！」と納得できないことを話してすっきり。

どちらがこのモヤモヤを消化できるでしょうか？　後者ですよね。あの上司「嫌い！」、「ひどい！」と口に出した瞬間、主語を理解できない脳は、あなたを傷つけるかもしれません。ですが、すぐに気持ちを「切り替える」ことで、傷は最小限に抑えることができます。

いつまでも引きずらない。引きずっていても何の解決にならないし、傷口が広がるだけです。

何が起きても、自分にとって**一番良い解決策**はどれなのか、あなた自身が理解しておくことが大切です。

相手に届く言葉選び

海外に行くと多くの刺激をいただきますが、その反面、日本の素晴らしさを改めて思い知ることになります。

ロサンゼルス在住の方とお話しをしていて気づいたのは、日本語の美しさ。それに加え、私は、八百万（やおよろず）の神、森羅万象、あらゆるものに神が宿るというその思想が大好きで、丁寧語もそうですが、ものに対して、「お」や「ご」を付ける。見えないものに対しても敬う。私もよく使う「おこころ」なんていうのもそうで、人間ではない生物、例えば、お花、それらに良い言葉をかけると、元気に咲いてくれるように、無生物である「物」にも、エネルギーを受け止める力があり、大切に扱われた「物」は、良い気を放ち、乱暴に扱われた「物」は、悪い気を放つように、大切に想うその気持ちが、言葉となり、その美しさとして表れるのだと思います。

日本語の美しさもそうですが、おこころのこもった言葉をいただくと、一瞬で幸せな気持ちになりますし、それが朝だとしたら、その日一日が幸せに包まれて過ごせるようになります。そう思うと、言葉の力の偉大さに気づきますが、そこにはやはり、その方の想いが込められているからなのでしょう。

私の尊敬するTさんは、再会した瞬間、

「そういえば、あの件は大丈夫だった?」、「この前はありがとう」、「あれからどうなった?」そんなふうに前回お逢いしたときの状況をきちんと覚えていてくださり、会話をスタートさせてくださいます。とてもお忙しく、毎日何人もの方とお逢いし、様々な会話が繰り広げられているはずなのに、このおこころ遣いは「さすがだな」と私はいつも感心するのです。相手を想うお気持ち、それが彼女の魅力であり、成功の秘訣でもあります。多くの方に支持され続けるのも納得です。

「以前のことを覚えていてくれる」、「気にかけていてくれる」これは間違いなく、「あなたのことを想っています」というメッセージであり、丁寧なお気持ちに自分も応えたいという気持ちにさせてくれます。

「重い言葉」と「軽い言葉」がありますが、どちらもあまり良いイメージではありません。「重い言葉」は相手の負担になりますし、「軽い言葉」は薄っぺらい気がして信頼度が低くなります。

私の大好きなYさんは常に「軽やか」なのです。軽々しく言葉を発するわけではなく、「軽やか」なのです。だから私も一瞬で「軽やか」になり、彼女と話した後は、何でもできる気になってしまうのです。

「大丈夫！　できる！」

他人事だから軽々しく言う、馬鹿にして上から目線で言う、どちらでもなく、信じて背中を押してくれる言葉なのです。いろんな言葉を吟味しての「軽やかさ」は彼女の最大の魅力です。大きな深い愛を受け、奮起しないはずがないのです。

受講生からよくいただくご質問では、「**購買意欲が高まるネーミング**」。

最近、大好きで毎日のように食べているモロヘイヤを例にお話ししますね。

アラビア語で「王様だけのもの」という意味を持つモロヘイヤ。その栄養価や美容効果の高さからクレオパトラも好んで食べていたと言われています。

カロチンはほうれん草の4・6倍、ブロッコリーの19倍
カルシウムはほうれん草の9倍、ブロッコリーの10倍

と、その栄養価を説明されるより「王様だけのもの」、「クレオパトラが愛してやまなかった」そう聞くだけで購買意欲が高まりますね。

「**言葉は身の文、話す言葉はその人の品格や品位までも表す**」といわれるように、自分の中にある言葉は自分を形づくり、「**どんな言葉を大切にしているか**」であなたのすべてを映し出すものとなります。

尊敬する方のお言葉や、本で見たお気に入りの言葉など、私にも大切にしている言葉はたくさんありますが、ノートに書き止め、自分へのメッセージにしています。あなたもぜひ、好きな言葉、奮起できる言葉を並べ、未来のあなたへエールを送ってみてくださいね。

第六章

一目置かれる美しい品格

毎日1ミリでも理想に近づく

憧れの人を真似てみる

素敵な方とご一緒すると、何かについて話し合ったり、お話を伺ったりしなくても、その佇まいから刺激をいただくことは本当にたくさんあります。佇まいはその方の、それまで生きてきたストーリーを表し、言葉はなくとも、その放つエネルギーがすべてを物語っています。

なぜ、その方が素敵なのか、意識して観察してみると、**佇まいから放たれるオーラ、そこ**に「近づきたい」、「真似したい」そんな多くの魅力があります。学ぶという意識でいるより、「真似したい」その想いが溢れた瞬間、あなた自身も大きな変化を得られることでしょう。

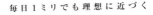

Nさんには憧れのモデルさんがいました。Instagramで見つけたそのモデルさんの素敵なライフスタイルや、すらっとしたモデル体型、ポジティブ思考に日々感化され、「お逢い

したい」という想いは募るばかりでした。ですが、「逢えるはずがない」という先入観から、まず「逢いに行く」ことなど考えてもいませんでした。

「ウォーキングレッスンを受けてみたら？」と、私がご提案してから、Nさんの行動が激変しました。意識が変わったからです。

「逢えるはずがない」と思っていた憧れの方に「お逢いできる」という希望が溢れてからNさんは、憧れの方に逢えるその日まで、**「これまでで一番美しい自分で逢いに行く」**と、努力に努力を重ね、体型、歩き方、お顔の表情までも見事な変身を遂げられたのです。念願が叶い、レッスンを受講してからは、定期的に名古屋から東京に通い、ついには東京に引っ越し、ウォーキング講師になられたのです。

なぜ「逢えるはずがない」と諦めていたのか、実際、お逢いしてから「どんな感情が芽生えたのか？」伺いました。

「雲の上の人」、「別世界の人」だと思い込んでいたからお逢いできるはずもない。しかし、お逢いしてからは、「一歩でも近づきたい」という感情が芽生えたそうです。直にお逢いすることで、「憧れている部分」が浮き彫りになり、「なりたい自分」が明確になったのです。

「こんな私になりたい」、「どうしたらなれるんだろう」そんな想いが少しずつ「理想の私」へと運んでくれたのでしょう。

あなたの憧れの方はどんな佇まいで、どんな素敵なオーラを放っていますか？

ただ、「素敵」と、眺めているより、「どこに惹かれるのか？」有意識でいることで、受け取る量が大きく変わり、いただいたパワーを存分に発揮できることでしょう。誰と関わって生きていくかは、感情の質を上げることでもあり、それは、人生の質を上げることにもなります。

美意識の高い人は、美に対する意識が高いわけですが、それについてのアンテナを張り巡らせているので、情報をキャッチしやすいのです。すべてにおいて、意識の低い人は、チャンスをも見逃します。なぜなら、アンテナが設置されていないから。

素晴らしいチャンスはごく平凡な情景の中に隠れています。それは、強烈な目的意識を持った人の目にしか映らないものなのです。目標を持たないうつろな目にはどんな素晴らしいチャンスも情報も見えることはありません。

憧れを憧れで終わらせないためにも有意識で生きると決めることです。

部屋の乱れはこころの乱れ

不要な物や執着を捨て、人間関係を整理することで、環境が整い、良いエネルギーで満たされる。これは、模様替えなどとは全く別次元の話で、「環境の力」ってとても大きいな〜ということをステージが変わるたびに痛感します。

もし、あなたのお部屋の中に不用品が多いのなら、それは意識が「今」ではなく「過去」や「未来」にあるからです。

例えば、昔、大好きでよく着ていたワンピース。太ってしまってもう着られないのに、なぜ何年も処分できないのか？

「とても似合っていたから」と、素敵なワンピースを着こなし美しかった過去に執着し、「またいつか着るかも」と、当時の体型に戻れるかわからない未来に振り回され、「今」を見ていないのです。これは本当に今の自分に必要なのか、「判断力」や「決断力」を鍛え、「**今**」**に意識を向ける**ことが大切です。

そういう意識を身に付けることで、本当に今、「必要なもの」、「必要なこと」、「必要な人」が手に取るようにわかるようになります。

また、お買い物をする際、「**何を基準で選んでいるか？**」を見直してみるのもよいでしょう。

「厳選したお気に入りのものに囲まれて暮らす」と決めてみる。そうすると、「価格だけで選ぶ」ことや、「とりあえず購入しておく」といったことがなくなります。「安価だから」、「とりあえず」という理由だけで購入したものは、どこかで妥協して選んだものであり、大切に扱われることはなく、寂しい気を放ちます。そして、それを選んだ自分を「私はこの程度のレベルのものがふさわしい」と、否定的な自己判断をしてしまうのです。

必ずしも高価なものがよくて、安価なものが悪いわけではなく、「今の自分にふさわしいか」、それが「気に入って手に入れたいものか」、つまり「相思相愛」かどうかということです。

「厳選したお気に入りのものに囲まれて暮らす」ことは、自己肯定感を高めることでもあります。自己肯定感が高まれば、「仕事」、「恋愛」、「人間関係」すべてが良好になるはずです。

あなたのお部屋の中をチェックしてみてくださいね。不用品は、「ありがとう」と感謝をして手放すこと。

断捨離とは、「単に物を捨てる」、「人間関係の整理」ではなくて、まず最初に**手放すべきものは、執着、思い込み**なのです。

ものの扱い方

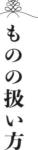

私は、ものの扱い方が乱暴な方が苦手です。乱暴な言葉を使う方も苦手です。量子力学の研究でも明らかになっているように、すべての物質にはエネルギーが存在します。そして、その物質に注がれたエネルギーは記憶をする性質を持っています。

「ものにはこころがない」といえばそれまでですが、風水上はものには記憶があると捉えているそうです。**大切に扱われたものは大切にされた優しい気を放ち、乱暴に扱われたものは悪い気を放つ**ということです。

母からは、「ものを扱う時は両手で」と教えられてきました。私たちはいつもたくさんの「物」に囲まれて生活をしています。その「物」たちを、あなたがどう扱っているかで、物質から届くエネルギーが変わるのです。

お友達のRさんはお誕生日にご主人からお財布をプレゼントされました。ですが、残念ながら好きなカラーではなかったのです。好きなブランドのお財布なのですが、大好きなピンクが売り切れていて、プレゼントされたのは濃いブルーのお財布だったのです。バッグから取り出すたびに、残念な気持ちや、ショックな想いが溢れ、せっかくご主人からのプレゼントなのに、大切に扱うことができなくなり、それを知ったご主人と口論になったそうです。「好きなブランドだから気に入ってくれるはず」というご主人のお気持ちも、「大好きなピンクじゃない」というRさんの残念なお気持ちもわかります。口論を引き起こしてしまうほど、持ちものに対する気持ちは大きいのです。バッグの中が整理されておらず、乱雑なままでは、そのものたちの発するエネルギーも低いものになっていくのです。

特に持ち物やファッション等、こだわりがないという方もいらっしゃるかもしれませんが、大半の女性は、持ち物でテンションは大きく変わるのだと思います。その後は、お誕生日プレゼントは一緒に買いに行くことをお約束されたそうです。

人に対する想い（おこころ遣い）と同様、ものの扱い方で「人となり」がわかります。

イベント等で何度か受付のお手伝いをしたことがあるのですが、そういったときの対応で「素」が出ることは多々あります。お釣りや領収書、記念品を、目も合わさず片手で受け取る人。もちろん両手で受け取るほどでもない小さなものは片手を添えるだけでよいのですが、そういった所作ができていない人は、どんな素敵なファッションでも残念な部分だけが記憶に残ります。受け取るときの所作、ぜひ、見直してみてくださいね。

デパートでお洋服を購入し、店員さんから袋を渡されるとき、あなたはきっと幸せいっぱいの笑みを浮かべ、丁寧に受け取ることでしょう。お釣りや領収書、チラシや記念品を受け取るときはどうでしょうか？

大切に扱われたものが発するエネルギーを感じながら、「差し出す」、「受け取る」ということを意識なさってみてくださいね。

完璧なほどに様々なことをそつなくこなすＡＩ（人工知能）。めまぐるしい進化の中、これからの時代、更に問われるのは、おこころを汲み取る、場の空気を読む、沈黙という温もりなど「**ＡＩ（人工知能）にはないＡＩ（愛）**」だと私は思うのです。

愛の注ぎ方で人生の質も変わるのです。

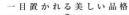

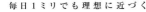

愛される人の共通点

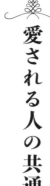

「無頓着」、「無意識」、「無気力」そこからは何も生まれません。
そんなお言葉を聞いてから、「直向き（ひたむき）に成長し続けていたい」と痛感したことがあります。
私が憧れるMさんは70代のとてもチャーミングな女性なのです。誰からも愛され、どんなときも笑顔でキラキラ輝く方。まさに、気配りができ、有意識で過ごし、パワー溢れる方なのです。

愛されたいのなら、愛し、愛らしくあれ。

そのお言葉通り、周りにたくさんの愛を注いでくださるので、Mさんの周りにはいつも素敵な人が集まってきます。

陰口を言わない、公平無私（こうへいむし）、常に笑顔、優しい、明るい、楽しい、おしゃれ、一生懸命……。

大好きなところを並べてみるとキリがないのですが、一言でオーラです。それがすべてを物語っているのです。あなたの周りにも、素敵でキラキラなオーラを発していて、お話するだけで、穏やかで幸せな気持ちになれる、そんな方がいらっしゃるはずです。

発するオーラは、その方の生き方そのもの。今がどうであれ、どんなふうに生きてこられたか、その歴史が手に取るようにわかります。日々、すべてに感謝し、満たされているので、人を満たすことができるのです。

あたたかく包み込む笑顔の作り方をお聞きしたとき、こんなお話をしてくださいました。

いろんなことがあったわ。
でも、生きていれば必ず良いことがあって、手を差し伸べてくれる人がいる。

いつだって一人ぼっちじゃなかった。
大変なことを乗り越えられる力を授かったと思ってるのよ。

かわいくてとてもエレガントな方なのに、強くしなやかでいられるのは、お辛い経験をされたとき、手を差し伸べてくれた人がいたことを決して忘れることなく、その恩送りをされているから。

「**大変なことを乗り越えられる力を授かったと思ってるのよ**」と言える強さの中に、誰もをあたたかく包み込む笑顔の秘訣を思い知ったのです。

こころのスペースを空ける

私はお財布、スマートフォンの中も定期的に整理はしていますが、特にこころの中（在り方）が重要だと思うのです。

無趣味だった私は釣りを始めてから、釣るのはもちろん、釣ったお魚を捌き、お料理をすることが本当に楽しくて、お仕事をしていないその趣味の時間が、これほどこころを満たし、また明日への活力となり、前進する原動力となるのだと思い知りました。

こころを満たす、でも釣りをしているときは夢中で「無」になる。

こころを満たす、とは、こころの中がいっぱいいっぱいで余裕がないのとは違い、ある意味、「無」フラットな状態です。そして、「真空」。

「真空」とは、空気も物質も何もない状態のことをいいます。イメージ的にはブラックホールのような感じ。自然界や宇宙はこの何もない状態を嫌うのだそうです。

こころの奥底に眠る古い考え、執着、思い込み。固定概念を捨てることで、そこに空白ができます。この状態を真空と呼んでいますが、「真空」という何もない状態のスペースができると、この空白を埋める力が働くようになっています。この何もないスペースに不思議な力が働き、奇跡的な事柄を引き寄せます。まさしくブラックホールです。

すべてのものを吸い込むブラックホールのように、無の状態にすべてが引き寄せられてきます。だから、「夢中になる」「無になる」ことの重要性を痛感しています。空っぽになった私の中で、届く情報や、響く音、関わる人、感じる空気さえも変わり始めました。

余白を空けると素敵なギフトが届くという仕組みを体感してからは、受講生にもオンとオフの切り替え方や、リフレッシュの重要性をお伝えしているのですが、「ひらめきが多くなった」、「ビッグチャンスがやってきた」、「欲しかったものをプレゼントされた」、「テーマパークのペアチケットが当たった」など、素敵な体験談をお聞きし、私もとても嬉しくなりました。

「無」になるというと難しく捉えがちですが、「リラックスする」ことを意識していただくとわかりやすいと思います。私はよく、車の運転中にひらめくことが多く、きっと「リラックスモード」になっているんだと思います。

あなたがリラックスできるのはどんなときですか？

最近お引越しをされたJさんは、お仕事から帰宅し、ベランダから夜景を見るのが、まさに至福のときで、一番リラックスできるひとときだとおっしゃっていました。念願の一人暮らしで、それまでの、転職したり、お金を貯めたり、物件探しに時間がかかったり、大変だった様々な思いが込み上げ、「無」になりながら、幸せに浸るのだそうです。

「無」になるとは、フラットな状態、つまり、気分が上がったり下がったりなどない「安定」した状態であり、満たされていること。

それが、**「幸せ」に浸ること**。なるほど、本当にその通りだなと私も共感したのです。

第七章

愛おしい毎日の過ごし方

好きが溢れる毎日にする

四季とともに暮らす

年中行事の意味をよく理解していない方が増えてきたような気がします。私も完璧ではありませんが、これまで行事のたび、お節句料理を作ったり、お供えをしたりしながら、「無病息災」、「五穀豊穣」、「子孫繁栄」を祈り、ご先祖様と森羅万象への「感謝」を捧げてきました。そちらの反響が多く、年中行事を取り入れたいけれど、どうしたらよいかわからないというご意見もたくさんいただいてきましたので、一年の行事をこちらにまとめてみました。年中行事は、祈り、感謝を捧げ、**生きる喜びを噛みしめて過ごす**こと。そんなふうに私は捉えています。無理せず、できることから始めてみてくださいね。意味を理解することで、生かされていることに、ますます感謝の思いが募るはずです。

1月1日

日付が一つ変わるだけなのに、新しい年を迎えると自然と気持ちが引き締まります。農耕民族であった日本人。自然の恵みに感謝し、すべてのものに神様が宿ると信じていた日本人は、亡くなった先祖の魂が田畑や山の神様になり、子孫の繁栄を見守ってくれているのだと考えていました。

そして、その神様がお正月になると、実りとともに家々に一年の幸せをもたらすため、高い山から降りてきてくれると信じていました。

1年に1回、お正月にやってくる神様は、特別な存在。だから、「年神様」と呼んでお迎えする支度をしました。お正月の様々な行事や風習は、この年神様へ「今年も豊作でありますように」、「新しい年も、一家が揃って幸せに暮らせますように」という願いと感謝の気持ちが、だんだんと形になったものなのです。

おせち料理はお正月に食べるお祝いのお料理。「めでたさを重ねる」という意味で重箱に詰められます。一つひとつに込められた意味を噛みしめながら新たな一年をお迎えください。

数の子・卵の数が多いことから「子孫繁栄」を願う縁起物。
伊達巻・形が巻物に似ているため、知識が増えるようにとの願いが込められています。
田作り・片口イワシを農作物の肥料として使った田畑が豊作になったことにちなみ、五穀豊穣を願います。
黒豆・邪気払いの意味と、黒く日焼けするほどマメに、勤勉に働けるようにとの願いが込められています。
ごぼう・根を深く張り、代々続くことを願います。
紅白かまぼこ・赤は魔除け、白は清浄の意味があります。
ぶり・ぶりは大きさによって名前が変わる出世魚。
海老・長生きの象徴。
れんこん・穴があいていることから、将来の見通しがきくように願います。
里芋・子芋がたくさんつくことから、子孫繁栄を願います。
紅白なます・水引をかたどっているとされ、平安や平和を願い

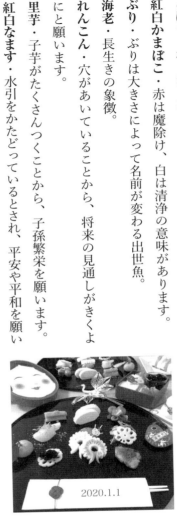

ます。

お正月にいただくお菓子は**「花びら餅」です。**

江戸時代、汁のない包み雑煮が一つになったという「花びら餅」。ごぼうは押鮎に見立てておかれたもの。

土の中にしっかり根を張るので「家の基礎がしっかりしている」ことや「長寿」を願う意味が込められています。

1月7日 七草粥

1月7日の朝にいただきます。お正月のごちそうで疲れた胃を休ませるため。

春の七草、セリ、ナズナ、ゴギョウ、ハコベラ、ホトケノザ、スズナ、スズシロのお粥で胃をいたわります。

家族の無病息災をお祈りして。

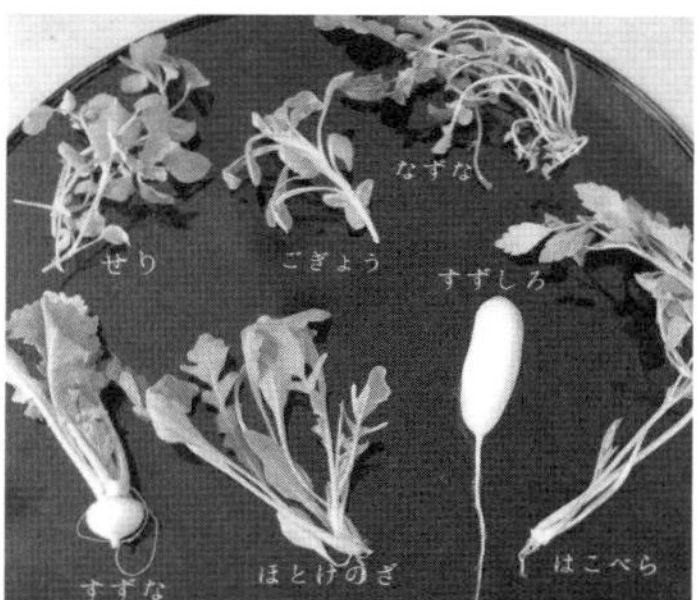

1月11日　鏡開き

お正月の間、年神様の居場所になっているのが鏡餅。そのため、年神様がいらっしゃる松の内の間は飾っておき、松の内が過ぎたら下げて食べ、年神様をお送りします。

年神様の依り代である鏡餅には年神様の魂が宿っているとされるため、鏡餅を食べることでその力を授けてもらい、一年の家族の無病息災を願います。つまり、鏡餅は供えて、開いて、食べてこそ意味があるのです。

更に、鏡餅の由来となった鏡には円満という意味があり、それを「割る」というのは縁起が悪いので「開く」という言葉が使われるようになりました。

また、古代の人々は、血や火を連想させる赤色に力強い生命力を感じ、赤い小豆には邪気を払う魔除けの意味があるとして、鏡餅をおぜんざいでいただくようになりました。

2月4日　節分(注)

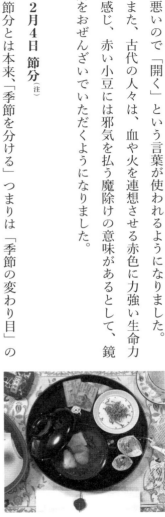

節分とは本来、「季節を分ける」つまりは「季節の変わり目」の

ことを意味しています。季節が移り変わる「節日」を指し、「立春・立夏・立秋・立冬」とそれぞれの前日を指すもので、1年に4回あったのです。そのなかでも、厳しい冬の季節を乗り越えた後の「立春」は1年の始まりとして特に尊ばれ、旧暦で年があらたまる重要な日にあたっていたため、次第に「節分」といえば「立春」の前日のみを指すようになっていき、現在では「節分」＝立春（毎年2月4日頃）の前日である2月3日を意味するようになりました。

昔は、季節の分かれ目には「邪気」が入りやすいと考えられており、なかでも重要なのが「年の分かれ目」でした。昔使われていた旧暦では、立春の頃に新年の始まりである元日がやってきていたため、立春の前日の「節分」は「大晦日」にあたる1年のなかでも最も大切な節目でした。

豆まきには「大豆」が使われます。日本では古来より、穀物や果実には「邪気を払う霊力」があると考えられていました。大豆も、五穀の一つで穀霊(こくれい)が宿るとされており、米に次

（注）二〇二〇年の場合　節分二月三日・立春二月四日・
二〇二一年の場合　節分二月二日・立春二月三日

いで神事に用いられてきました。

また、鬼の目を表す魔の目（魔目＝まめ）に、豆をぶつけて魔を滅する（魔滅＝まめ）などの語呂も合わさり、鬼に豆をぶつけることにより、邪気を追い払い、一年の無病息災を願うという意味合いが込められています。

3月3日 桃の節句（上巳（じょうし））

上巳の節句は五節句の一つで、桃の花が咲く季節であることから「桃の節句」といわれるようになりました。

古来中国では、上巳の日に身体を清め、不浄を祓う習慣がありました。これが平安時代に流し雛となり、人形遊びの要素が加わり、現在の雛人形と発展していきました。元々は男女の区別なく行われていましたが、端午の節句が男の子のお節句と決められてから、桃の節句が女の子のお節句とされるようになりました。

毛氈（もうせん）の色が赤なのは、魔除けを意味し、お内裏様とお雛様の位置は関東、関西で違います。

5月5日 菖蒲の節句（端午）

日本では元々は女性が行っていた神事でしたが、菖蒲が尚武に通じることから、逞しく成長することを願い、現在は男の子の行事として定着しています。鎧や兜を飾ることは、武家社会から生まれた風習です。身の安全を願って神社にお参りするときに、鎧や兜を奉納するしきたりに由来しています。

鯉は、清流はもちろん、池や沼でも生息することができる非常に強い生命力の強い魚です。鯉のぼりは、中国の伝説、登竜門の由来を受け、出世を願う節句飾りとなりました。

6月30日 水無月

6月の晦日に行われる大祓は、身についた穢れを祓い清める節目の神事。お正月から半年を無事に過ごせた感謝とともに、これから迎える夏を健やかに過ごせるようにと願う日でもありました。

夏の大祓にいただくお菓子は、氷に見立てた外郎生地に厄除

けの小豆をのせた「水無月」です。

室町時代の幕府や宮中では、氷の節句に氷室から氷を取り寄せ、それを口にして暑さをしのぐといった行事が行われていました。氷室の氷は夏痩せを防ぐとも言われていたため、臣下にも氷の欠片が振る舞われていたとも言われています。

当時氷はとても貴重なもので、ましてや一般の人々が氷を口にすることなど到底できませんでした。

そこで当時の人々は、氷に似せたお菓子を作り、宮中の行事に倣(なら)って暑気払いをすることにしたのです。その氷に似せたお菓子というのが、「水無月」です。

「水無月」の三角型は氷室の氷を切り取った形を表し、上に乗せられた小豆は魔除けの意味があると言われています。

一年の折り返し、残り半年も健やかに過ごせますように。

7月7日 七夕

七夕とは、そもそも「笹に短冊を付けてお願いをする日」というイメージですが、七夕のお祝いの始まりは、子どもの成長を願う「節句」の一つです。子どもが生まれてからお祝いをする桃の節句や端午の節句などと同じ行事です。

陰陽五行説を意味する五色の短冊、七夕飾りの一つひとつにも、五穀豊穣、無病息災、豊漁、芸の上達などの意味があります。

また、願いごとの内容に合っている短冊の色を、五色の意味に合わせて選ぶと、より願いごとが叶いやすくなるといわれています。

緑（青）：人間性の向上（仁）

赤：感謝のこころ（礼）

黄：信頼・人との繋がりを守る（信）

白：義務や規律を守る（義）

紫（黒）：学業の向上（智）

もしも地球に雨が降ったなら、それは、彦星と織姫が年に一度、逢えた喜びに感極まり流した涙、つまり嬉し涙だそうです。

幸せな再会を果たしていることでしょう☆

8月 お盆

ほおずき・鮮やかな色を提灯に見立て、「ご先祖様が迷わず帰っていらっしゃいますように」

精霊馬（しょうりょううま）・きゅうりの馬は迎え盆に「足の速い馬に乗って、早くあの世から帰って来られますように」ナスの牛は送り盆に「足の遅い牛に乗って、ゆっくりあの世に戻って行けますように、この世からたくさんの供物を積んで楽に帰れますように」という願いを込めて。

9月9日 菊の節句（重陽）（ちょうよう）

「節句」とは「季節の節目に行われる伝統行事」です。

五節句がありますが、この「重陽の節句」も中国から伝わっ

てきた五節句のうちの一つです。

中国には「陰陽思想」というものがあり、この世のすべてのものは「陰」と「陽」で成り立っているという考えがありました。数字の奇数は「陽」を表しているため、縁起がいい数字だと考えられていたのです。そして「九」という数字は陽の気が極まった数字。その数字の「九」が重なった9月9日は「陽」が「重」なった日、つまり「重陽」となったわけです。

重陽の節句は別名「菊の節句」ともいいます。中国では邪気を払い長寿の効能がある、と考えられていた菊を用いて、この重陽の節句を祝っていました。

そして菊花は天皇家の紋章であり、最も高貴な日本の国花なのですから、五節句の中で最も重要な節句と考えられます。

お彼岸 3月・9月

「暑さも寒さも彼岸まで」と言われるように、春の彼岸は農作業が始まる時期で、秋の彼岸は収穫の時期にあたります。

よって、春には収穫をもたらす山の神などを迎えるためぼた餅を、秋には収穫を感謝しておはぎを作ったとも言われています。

ぼた餅もおはぎも同じものなのですが、呼び名が違うのは、春のお彼岸の頃には「牡丹」の花が咲き、秋のお彼岸の頃には「萩」の花が咲くことに由来しています。また「牡丹」の花は大きな花ですから、「牡丹餅」は大きめに、「萩」は小さな花なので「お萩」は小ぶりに作られるようになりました。

古代の人々は、血や火を連想させる赤色に力強い生命力を感じ、魔除け、占術的な役割を与えていたと言われています。ですから、小豆の赤色の、邪気を払う食べ物としての信仰が先祖の供養と結びついたと言われています。

仏教ではご先祖様のいる世界を「彼岸（ひがん）」、今私たちが生きているこの世界を「此岸（しがん）」といい、「彼岸」は、西に位置し、「此岸」は、東に位置するとされています。3月の春分の日と9月の秋分の日は、太陽が真東から昇り、真西に沈むので彼岸と此岸がもっとも通じやすい日になると考えられ、この時期に先祖供養をするようになりました。

この時期に小豆を使った食べ物を食べたり、ご先祖様に感謝することは、自然への感謝や祈りとも深く結びついています。

昔の人々は、季節の花を意識して食べ物の呼び方や形を変え、ご先祖様の供養を行ってきました。

十五夜

昔から人々は月のパワーを信じ神と崇(あが)め、月の満ち欠けとともに暮らしてきました。

「十五夜」とは人々が月に祈りを捧げる行事の一つです。

丸い満月は、豊穣の象徴だとも言われ、「満ち欠けする月の様子」や「作物が月の満ち欠けとともに成長する」ことから、農作物の収穫、ものごとの結実、祖先との繋がり、それぞれに感謝し、月に祈るようになりました。

収穫前の稲穂に見立てたススキには魔よけの力があるといわれることから、家族の無病息災を祈り、白くて丸い月見団子は満月をイメージしたもので、こちらも健康や幸せを祈る意味合いがあります。

また、ぶどうなどツルのあるものをお供えしてそれをいただくと、お月様との繋がりが強くなるとも言われています。

科学の発展とともに、人々は目に見えるものこそ真実と思いがちになりましたが、時に科学では説明できないこのパワー、その影響力は計り知れません。

12月31日 大晦日（おおみそか）

月の最終日を晦日（みそか）といい、一年の最後の晦日であることから、大晦日と呼ばれるようになりました。

年越しの際にはそばを食べますが、そばは切れやすいことから、一年の厄災を断ち切る、更に細く長いことから、長寿を願う縁起物とされてきました。

感情の質は人生の質

素敵だなと思う人はみんな共通して「穏やか」です。こころの状態が安定しているので乱れることなどほとんどなく、常に「穏やか」です。

私は、「感情の質は人生の質だ」と信じています。私が尊敬する方々は、感情、いわば思考が常に整っているので、誰かや、何かに影響されることなく、想いのまま人生が構築されているのです。

感情が整っていると、「譲る」という余裕が出てきます。我先にではなく、「お先にどうぞ」という余裕です。

私は電車に乗るとき、必ず早目に到着するようにしています。エレベーターのドアが目の前で閉まったら、乗り遅れてしまうかも……と不安になるからです。

実際、その経験をしたので、「あんな経験はもう二度と嫌だ」、「慌てて走るのも嫌」、「遅れるのはもっと嫌」という反省も含め、余裕をもって到着するよう心がけているのですが、理由はもう一つあります。

エレベーターのドアを開けて待っていてくれた方がいたから。

とてもありがたくて、「私もそう在りたい！」と思ったわけです。これは、時間にも、こころにも余裕がないと、なかなかできないことです。もし私に余裕がなくて、慌てていたら、10メートル先から走ってきた人をエレベーターの中で待てるでしょうか？「早く！」

と、泣きたくなるかもしれません。見えないふりして「閉ボタン」を押してしまうかもしれません。どちらも嫌な自分です。

このように、「余裕がない」状態は、自分にも周りにも悪影響を及ぼすのだと痛感したのです。


以前、Tさんが、毎朝、お子さんの登校時間がギリギリになり、慌てて送り出すことが、かなりのストレスだと相談してくれました。

起きる時間は家を出る50分も前です。歯磨きして、髪を結び、ここまではいいのですが、テレビを見ながらお食事するので、ついお箸が止まってしまい、そのあと慌ててお着替えするということでした。テレビを消してしまえばいいのですが、教育番組なので見せたいというTさんの思惑もあり……。

結局、「この番組が終わるまでに食べ終わる」、「この番組の歌が始まったらお着替えする」と、区切りをつけるようにしました。すると、バタバタだった時間が、あっさりスムーズになり、Tさんもお子さんも信じられないくらい、時間に余裕を持てるようになりました。これには二人して大笑いです。「何でもっと早く思いつかなかったんだろう」って。簡単なことなのに、言葉でお子さんを動かそうとしていたので、なかなか思うようにならず、毎朝毎朝、時計と戦って、送り出した後は、どっと疲れが出ていたわけです。

自分のこころを安定させておくことは、人生を豊かにさせる第一歩なのです。

そして、丁寧に感情を整えておくことが、**争わず、こころ穏やかに過ごす秘訣**です。

お気に入りに囲まれた暮らし

「恋をすると綺麗になる」というのは本当で、エストロゲンやプロゲステロンという、いわゆる女性ホルモンと呼ばれるものがより多く分泌されるそうです。女性ホルモンにはお肌や髪の艶、女性らしい身体の作りを促進する効果があるわけですから、恋をすると綺麗になるのは当然です。

そして、好きという気持ちの大きなパワーは、対人だけではなく、モノ、もちろんお仕事についてもいえるわけで、好きが、身の回りにたくさん溢れれば溢れるほど、日常は更に潤うはずなのです。ますます自分が大好きになり、自然と笑顔が溢れる、そんな幸せが敷き詰められた一分一秒になりますね。

好きが溢れた心地よい空間に身を置くこと、自分を労ることは、自分へのおもてなし。自分へのおもてなしができる人は、他人にも目配り、気配り、心配りができる人だと私は思っています。

心地よい空間で波動を上げ、リラックスし、大切な方へのおもてなしができれば尚、良好な人間関係が築けるはず。

どんなに権力者で何不自由ない暮らしであっても、人間関係が希薄だとそれほどの幸福度が得られない、人の温かさに触れてこそ人生が豊かになるのだと信じています。

大人になるほど世の中を深く知るようになるため、感動が少なくなるというお話を聞いたことがあります。

確かに一理ありますが、知識が増えて見識が広くなるとはいえ、世の中のことをすべて知ることはできません。長く生きるほど、知識も情報量も増えますが、すべてを見聞きすることは不可能です。世の中には無限の発見があります。どんなに長生きをしても、日々新たな発見があります。私もいまだ日々新たな発見や驚きが山ほどあります。

実は、大人になるほど、感動が少なくなる本当の原因は、向上意欲の低下だそうです。向上意欲が低下しているため、感動が薄れてしまうとのことです。

たとえ平凡な毎日の繰り返しであっても、小さなその一つひとつに感動してみる。感動すると人は成長します。常に新しいものを取り入れることで、こころの新陳代謝が行われます。

好奇心のおもむくまま行動し、学び感動し、成長することで喜びを感じる、そんな幸せに満ち溢れた日々にするため、幸せの感度を上げ、自分をしっかり満たしていたいですね。

最近、気づいたのは、私はかなり自由度の高いライフスタイルになりつつあるということ。

朝5時に起き、お食事の支度をして、6時にライン電話をする。家事のひと通りを済ませて、だいたい7時半~8時。すでに本日の家事終了です。そして、そんな朝早い時間に眠くなってしまうことが多々あったのです。それがいけないことだと思い込み、「お仕事をしなくては」と、パソコンを持ち込んでカフェでお仕事するというのが日課になっていました。ですが、なぜ、「お仕事をしなくては」と焦ってしまったのか。それは、一般的に9時から5時は勤務時間という固定概念が外れていなかったからです。

でも、眠い時は寝てよくて、私の労働時間も時間帯も自由なのです。

朝でも夜でも、言葉が溢れた時にスマートフォンに活字を打ち込み、アイデアが降ってきた時にパソコンを開く。何時でもいい。そう気づいた時から、朝7時半から「お昼寝」をすることもしばしばありました。「寝てはいけない」ではなく、「眠いから寝る」そういうスタイルになってからはますますストレスフリーになりました。もちろんセッションが入っている時間は起きていますが。

「これでいい」ではなく「これがいい」の見つけ方を間違えなければ、すべて思い通りにことが運ぶようになっているんです。

感謝の先取り

徳を積むというと、「下心ありき」とか、「見返りを期待しての行動では意味がない」と思われる方もいらっしゃるでしょうが、最初は見返りを期待してもよいと私は思うのです。誰かの何かのため、実践し続けるうちに、温かく優しい気持ちになれるはずなのです。


お手洗いの洗面台が濡れてしまったら、次の方のためにきれいに拭いておく。

本屋さんで誰かが立ち読みした本が乱雑に置かれていたら、そっと直しておく。

マンションのエントランスに誰かのハンカチが落ちていたら、汚れないようどこかに置く。

駐車場に車を停めるとき、両隣の車が停めやすいよう配慮する。

誰かの何かのため、そして誰にも気づかれなくても、まずは徳を積んでみてくださいね。

継続していくうちに、あなたが発するエネルギーも変わり始めます。それは運命を変える瞬間でもあります。

初めは見返りを期待していたかもしれませんが、徳を積むうちに、自分の喜びへと変化していくのです。

「求めよ、さらば与えられん」という言葉がありますが、私たち人間には本当の生き方を求める気持ちと同時に
「与えよ、さらば与えられん」いわゆる与えるこころが大事になってきます。

世の中すべてのものというのは、与え、そして与えられるというプラスの循環によって発展していくようにできています。

誰かの何かのため、目に見えない大切な想いを、まずは差し出すことから始まります。善い行いをした時、させていただいたことに感謝し、**「ありがとう」をたくさん使って波動を上げる**ことです。

「誰かの何かのため」と、わかりやすくお伝えしていますが、実は、「誰かの何かのため」

などなくて、すべて自分が決断し実践していることなので、「自分のため」なのかもしれません。

例えば、「困っている人がいるからお手伝いする！」というのも、第二章の「応援される人になる」でもお話ししたように、一見してあげているように見える行動ですが、すべて自発的で、自己判断なのです。そのとき、どんなエネルギーで応援するかが重要です。困っているけれど、ボランティアだから適当に手伝おうと思うのなら、そういう低いエネルギーが返ってくるのです。どんな場合も、どんなエネルギーを放出し、関わるかで、受けるエネルギーも変わってくることを理解しておく必要があります。

エネルギーの循環

例えばクジが当たったら、「運を使い果たした」って嘆く人がいますが、際限ないはずの幸運を自分で制限しているだけなのです。

この世は勝ち負けではなくて、ましてや奪い合うものではなく、**幸せも豊かさも分かち合うもの。**

そして、こころの中にあるものは、いずれ必ず言葉と行動になって表れます。もっと言えば、こころの中の状態が負のものであれば、それは結果として望んでいないものになって自らに訪れます。因果応報はやはり出したエネルギーと同じものが戻ってくるからです。どんなに取り繕っても、その時の心理状態は言葉となり、表情となり、行動となり、やがて性格となり、人生に大きく反映します。

「お金にならない仕事ばかりしている」そういう口癖の人がいます。この場合、二通りの人がいます。

「お金にならないから適当に絡んでおこう」

「お金にならないけれど全力で応援しよう」

関わり方は一見同じに見えますが、放出しているエネルギーは全く別物です。

全力で応援した人は、それなりのエネルギーを放出したのですから、そのエネルギーそのものがいずれ自分に戻ってきます。それは、必ずしもお金ではなく、情報かもしれませんし、チャンスや、素敵な出逢いかもしれません。

以前、三男が交通系ICカードを紛失したことがありました。正確には、地下鉄を降り、帰宅途中で落としたのですが。

自宅から地下鉄までの道を何度も往復し、探したのですが見つかりませんでした。そのカードはチャージしたばかりで一万円ほど入金されていました。三男が探すのをあきらめ、帰宅したと同時に電話が鳴りました。地下鉄の駅員さんからでした。「マナカ（交通系ICカード）が届けられています」と。

すぐに受け取りに行きましたが、残念ながら届主の方は分からず、お礼をすることはできません。

私と三男は、どうかその方に素敵なことがたくさん起こりますようにと、こころから願いました。

落として困っている誰かのためにと、わざわざ届けてくださったお気持ち。直接は無理ですが、私たちのエネルギーがどんな形であってもその方に届きますように。必ずエネルギーは循環するのです。ありがたく受け取ったエネルギーを、ラッキーで終わらせず、次はどなたかのために循環させることです。

本人は無自覚かもしれませんが、実は、受け取り上手な方は、与え上手でもあり、うまくエネルギー（愛と豊かさ）を循環させています。惜しみなく与えてくれます。一方、お金を受け取ることに抵抗がある人は、そのエネルギー（流れ）を止めてしまうのでうまく循環させられません。

エネルギー溢れる方とそうでない方との違いは「循環力」が高いか、そうでないかです。

エネルギー溢れる人の周りには多くの人が集まります。その美しい波動に引き寄せられるのです。あなたはいつもどんなエネルギーを発していますか？

応援される人は、本気で生きている、そして、常に誰かを応援できる人です。困っている人がいたら察してすっと手を差し伸べられる人、見返りを期待せず寄り添える人。そんな人の共通点は、こころに余裕がある人だと私は思うのです。

例えば、まだ出逢ってもいない誰かのため、出逢うことのない誰かのためであっても、まず差し出すことです。

「出入口」という言葉があるよう、出すのが先、つまりエネルギーも差し出すほうが先なのです。

応援される人になるためには、本気で生き、誰かの何かのために際限ないエネルギーを注ぐこと。

愛も豊かさも際限なく溢れていると思い知ろう

そして、応援してくれる人。そのうちのお一人は神様です！

おわりに

どうせ全部叶う

最後までお読みくださり、本当にありがとうございました。

今回、執筆にあたり、まずテーマを考えていくうちに、すべての根源はやはり思考、つまり「感情」であり、それをどう整えていくかという部分に行き着きました。

不器用ながらも目の前のことを丁寧にこなし、そして**感情と「丁寧」に向き合うこと**で、私の人生は大きく変わり始めました。

「どうせ全部叶う」

思い描いた夢はすべて、本当にその通りに実現されました。だから、「願望、つまり本当に望む未来をちゃんと明確に思い描かなくては」そう思っていました。

ですが、「こんな展開が待っていたんだ！」という想像を遥かに超えて叶う場合もあるんだと思い知ったのです。それは願った未来ではなく、まさに導かれているような神様からのギフトです。願ってもいなかったこと、だけど、こうなるはずだったんだと、後に答え合わせできるような感覚です。

辛い結婚生活で、ただ本だけがお友達だった私は、本の温もりを感じ、本の言葉にこころ奪われ、本の重みに自分の未来を重ね、幸せを信じました。いつしか私も本を出版したいと願うようになりました。なかなか思うようにはいかず、納得出来ないまま電子書籍を出版したのでした。ですが、そこにはありったけの想いを込めました。エネルギーを大放出したのです。すると、その電子書籍を手にされた今回の出版社の副社長がご連絡をくださったのです。それが、今回の出版の経緯です。今思うと、電子書籍は商業出版の予行演習だったのかなとさえ思えます。このように「思い通りに叶う」ほかに「予期せぬビッグチャンス」は遥かに想像を超え巡ってくるのです。

どうせ全部叶うのです。

「どうせ」と辞書で引くと、

「不本意である結論や結果が予想されることに対して、何を言おうとも、何をしようとも、変わらないであろうと考え、不満や諦め、投げやりな感情を表すさま」

一方で、

「結果は明らかだと認める気持ちを表す言葉」

とあります。

「どうせ全部叶う」

この「どうせ」は、後者であり、**「叶う未来を無条件に信頼する」**そういう意味です。

全部叶うし、今この環境は、あなたの思考が作り出したもの、ちゃんと叶えられた現実です。

何もない、こんな私も**「丁寧に感情と向き合う」**ことで変われました。

あなたの夢のすべてが叶い、未来がさらに愛と希望に満ち溢れ、輝かしいものになりますように。

最後に……

18年前に出逢い、私の人生を変えた一冊、「幸せな宝地図であなたの夢が叶う」著者である望月俊孝先生、常に多くの学びを下さり、また、今回の出版にあたり、愛溢れるお言葉を本当にありがとうございました。

いつどんな時も無条件に愛し応援してくれる大切な家族、そして出版のお声をかけてくださった、みらいパブリッシング田中副社長、慣れない作業で戸惑うばかりの私を常に支え、寄り添ってくださいました編集の岡田さん、本当にありがとうございました。

水野稚子

本書をご購入くださった大切なあなたへ

【無料 7days オンラインプログラム特別プレゼント】

（100 倍速で夢を叶えるプレミアム動画 3 本付き）

多くの奇跡を起こし、抱えきれないギフトを受け取る「しなやかマインドセット」大公開
◆動画①　夢の実現を加速させるダイアリー活用法
◆動画②　営業せず、口コミ＆リピーターだけでお客様を増やしていったたったひとつのマインドセット
◆動画③　身もこころも豊かになる方法、そしてそのお金を循環させる方法
こちらから受け取ってくださいね。


【YouTube 稚子チャンネル】

正しい引き寄せの法則やお金の循環法、ビジネスを加速させる秘訣など 100 本以上の動画をアップしています。

ぜひチャンネル登録お願いいたします。

水野稚子 Masako Mizuno

ライフスタイルコーディネーター
しなやかマインドセット塾主宰（名古屋市在住）

離婚後、スワロフスキーデコレーション講師として12年間、平日は名古屋本校、週末は東京で講師業をするかたわら運営に携わり、ＦＣを全国展開する。
卒業生約1200名
メディア出演23本
セミナー開催都市全国37か所、延べ400回
フランチャイズ58校、開校数デコレーション業界No.1までに牽引。
好きなことをお仕事にし、経済的自立を果たし、想い描いた夢をすべて叶えた実体験や、ＦＣ向けサロン運営法、売り上げアップ等の研修実績をもとに、2018年7月より、各種サロンコンサル、起業の始め方等、好きなことだけして自立する、「夢の叶え方のセミナー」を開講！

2020年2月22日、おこころの在り方に重きを置いた、夢を叶える！折れないブレない「しなやかマインドセット稚子塾」を開校する。

“与えよ、さらば与えられん”
常にこの言葉を胸に、出し惜しみすることなく、多くの方と幸せを分かち合うセミナー作りを心掛けている。

願い(ねが)が全部(ぜんぶ)叶(かな)う！
丁寧(ていねい)のはじめ方(かた)

2020年12月15日　初版第1刷

著　者　水野稚子
発行人　松崎義行
発　行　みらいパブリッシング
〒166-0003 東京都杉並区高円寺南4-26-12 福丸ビル6F
TEL 03-5913-8611　FAX 03-5913-8011
https://miraipub.jp　MAIL info@miraipub.jp
企　画　田中英子
編　集　岡田淑永
ブックデザイン　洪十六
発　売　星雲社（共同出版社・流通責任出版社）
〒112-0005 東京都文京区水道1-3-30
TEL 03-3868-3275　FAX 03-3868-6588
印刷・製本　株式会社上野印刷所
©Masako Mizuno2020 Printed in Japan
ISBN978-4-434-28317-8 C0036